헌 옷 추적기

헌 옷 추적기
: 당신이 버린 옷의 최후

ⓒ 박준용 손고운 조윤상 2025

초판 1쇄 인쇄 2025년 11월 21일	**지은이** 박준용 손고운 조윤상	**사진** 조윤상 한겨레신문	
초판 1쇄 발행 2025년 11월 28일	**펴낸이** 유강문	**편집1팀** 김진주 이연재	**마케팅팀** 김한성 조재성 박신영 김애린 오민정 우지윤

펴낸곳
㈜한겨레엔
www.hanibook.co.kr

등록
2006년 1월 4일
제313-2006-00003호

주소
서울시 마포구 창전로 70 (신수동)
화수목빌딩 5층

전화
02-6383-1602~3

팩스
02-6383-1610

대표메일
book@hanien.co.kr

ISBN
979-11-7213-349-8 03330

- 책값은 뒤표지에 있습니다.
- 파본은 구입하신 서점에서 바꾸어 드립니다.
- 이 책의 일부 또는 전부를 재사용하려면 반드시 저작권자와 ㈜한겨레엔 양측의 동의를 얻어야 합니다.

당신이 버린 옷의 최후

헌 옷 추적기

박준용 × 손고운 × 조윤상 지음

차례

프롤로그 | 헌 옷 추적의 시작　　　　　　　　　　　　　8

1부 헌 옷의 이동 경로

추적기가 깜빡이기 시작했다　　　　　　　　　　　31
'쓰저씨' 바지는 말레이, 신발은 볼리비아에서 신호가 왔다　　32
스웨터는 인도 북부로 갔다, 예외 없이　　　　　　　49
무심코 버린 모직 코트 한 벌, 종이컵 912개 버린 것과 같다　　59
환상과 죄책감 사이에서　　　　　　　　　　　　68

2부 버려진 옷들의 무덤

한국 옷은 인도에서 모두 재활용되고 있을까　　　　81
한국에서 버린 옷, 인도에서 불타다　　　　　　　84
파니파트 헌 옷 재활용 산업이 품고 있는 아픔　　　101
헌 옷 표백 화학폐수로 마을이 병들다　　　　　　104
3살배기 딸도, 20대 아버지도 '독성물질 옷 더미'에 무방비 노출　118
우리가 타이로 향한 이유　　　　　　　　　　　129
들개가 한국 옷 뜯는 타이 쓰레기 산　　　　　　　133
그 아이의 '세상'　　　　　　　　　　　　　　　153
차라리 한국에서 태우는 게 친환경적일 것　　　　168

3부 당신들의 비윤리

죄책감은 수거함에, 우리가 처리할게   181
패션 기업 수거함에 넣은 옷은 아프리카에서 발견됐다   183
친환경 패션 마케팅, 소비자를 두 번 속인다   195
옷을 사고 버리는 일과 누군가의 아픔   204

4부 모두의 책임

불태운 빈폴 새 옷 38억 원어치… 삼성물산 '검은 그린워싱'   215
이미지가 환경오염보다 중요한가   216
뒤에선 의류 소각, 앞에선 '친환경 의류'   219
유럽은 2026년부터 재고 옷 폐기 못 해   221
삼성물산 "과도한 생산 지양", 엘에프 "재고 줄이기 노력"   223
49조 의류산업, 환경과 공존하라!   224
'생산자책임재활용제도', 의류는 왜 빠졌나   226
재고 의류 헐값에 파느니 태우자?   234
물리적으로 안 되면 화학적으로 풉니다   239
기업 재고 소각 금지 등 정부 관리 필요   245
옷 너머의 얼굴   254

프롤로그 | 헌 옷 추적의 시작

추적기 단 헌 옷의 '우여곡절'

"옷 40벌 20만 원어치 리뷰합니다."

 최근 '테무깡' '쉬인깡' 콘텐츠가 인기를 끌고 있다. 테무, 알리익스프레스 등 중국 이커머스에서 산 상품을 개봉하는 영상인데, 주로 의류가 리뷰 대상이 된다. 중국 이커머스에서 판매한 옷은 몇천 원에서 1만 원 사이로 소비자의 구매 충동을 일으킨다. 이 옷들은 H&M, 자라, 에잇세컨즈 등 기존 패스트패션을 넘어서는 울트라 패스트패션이라고 불린다.

 패스트패션이든 울트라 패스트패션이든, 이 유행의 뒤안길에 남는 건 그저 헌 옷뿐이다. 산 옷을 모두 입을 수 없고, 집에 쌓아둘 수도 없다. 그러니 헌 옷 수거함에 넣는다. 수거함에 옷을 넣을 때 느끼는 감정은 저마다 다를 것이다. '좋은 곳에 기부한다'고 생각하는 이가 있는 반면, 쉽게 '버린다'는 마음을 갖는 이도 있다. 그렇다면 이렇게 버려지는 옷은 어디로 가게 될까?

우리는 세 가지 이유로 버려진 옷의 경로를 탐사하는 프로젝트를 진행해보기로 했다. 첫째, 한국이 세계 헌 옷 수출 4~5위 국가라는 점, 둘째, 국내 헌 옷의 이동 경로는 실제로 밝혀진 자료가 거의 없다는 점, 셋째, 세계적으로 선진국의 헌 옷은 개발도상국에 가서 환경오염을 유발한다고 알려져 있다는 점이다.

이에 우리는 헌 옷에 추적기를 설치해 위치를 따라가보기로 했다. 하지만 그 아이디어는 시도부터 많은 난관을 만났다. 보도 목적에 맞는 추적 장치를 찾아 오랜 기간 헤매야 했다. 헌 옷을 기부받기 위해 수많은 전자우편을 보냈다가 거절당하기도 했다. 다행히 기획 취지에 공감해준 배우 김석훈과 박진희, 방송인 줄리안, 크라잉넛 베이시스트 한경록이 기부한 의류에도 추적기를 달았다. 막판에는 바느질이 필요해 재봉틀까지 동원해야 하는 일도 생겼다. 이 모든 과정을 책에 담았다.

수거함 속 '헌 옷'은 어디로 갈까

서아프리카 가나의 수도 아크라 해변. 물가에 20미터 높이의 '절벽'이 솟아 있다. 이 절벽은 돌이나 흙으로 이루어지지

서아프리카 가나의 수도 아크라 해변.

않았다. 옷과 섬유가 쌓인 거대한 쓰레기 산이다. 옷 쓰레기 산 꼭대기에서는 검은 소와 흰 소가 모여 풀을 뜯듯 옷의 잔해를 입으로 밀어 넣고 되새김질을 거듭하고 있었다. 소들이 먹는 옷은 유럽과 미국에서 사람들이 입던 것들이다. 아크라의 중고 시장에서마저 사람들의 선택을 받지 못한 옷이 이곳에 쌓였다. 매주 약 1500만 벌의 중고의류가 아크라로 쏟아져 들어오고, 이 가운데 40퍼센트는 곧바로 쓰레기 산으로 직행한다고 한다. 오스트레일리아 언론 ABC가 2021년 공개한 심층 다큐멘터리에는 서아프리카로 향하는 헌 옷 행렬이 등장한다. 영국 BBC, 미국 CBS 등에서도 비슷한 보도가 이어졌다. 중고의류가 재활용되지 않고 결국에는 아프리카 등 제3세계 국가에서 환경오염을 일으키고 있다는 걸 적나라하게 보여준 보도들이다.

 이렇게 기부되거나 헐값에 건너온 옷 쓰레기를 가나에서는 '죽은 백인의 옷(Dead white man's clothes)'이라고 부른다. 1960년대에 중고의류가 가나에 몰려들기 시작했을 때, 사람들은 이 값싼 옷들이 백인들이 죽은 뒤 남겨진 옷이라고 생각해서 이런 명칭을 붙였다. 외신 보도를 보면, 사람 허리 높이의 중고의류 한 꾸러미당 수십~수백 달러 안팎으로 팔리지만, 대부분 소비자에게 가지 않고 다시 버려진다. 가나 인구 3400만 명을 고려하면, 매주 1500만 벌의 옷은 사람이 입기에 너무나 많은 양이다. 세탁과 재단, 염색 공정을 거쳐 제 주인을 찾는 경우도 있지만, 이는 매우 드문 일이다.

남미 칠레의 한 사막을 포착한 장면도 아프리카 해변과 비슷한 문제를 드러낸다. BBC, 프랑스 통신사 AFP 등의 보도를 보면, 칠레의 아타카마사막에는 헌 옷 무덤이 생겼다. 우주에서도 보일 정도의 규모라고 한다. 역시 유럽과 미국, 아시아 등을 거치다가 온 헌 옷들이다. 중남미에서 일부가 판매되다가, 결국 팔리지 않은 옷은 이렇게 사막으로 향한다. '기부했든 헐값에 팔았든, 저소득층 인구가 많은 나라에서는 헌 옷을 잘 입겠지'라는 생각은 선진국 사람들의 착각이다.

헌 옷들이 제3세계에 매립되고 소각돼 환경문제를 만드는 현상은 옷의 트렌드와 관련이 깊다. 이는 자라와 H&M으로 대표되는 '패스트패션', 중국 이커머스 '알테쉬'(알리익스프레스, 테무, 쉬인)에서 판매하는 '울트라 패스트패션'의 등장으로 심화됐다. 빠르게 변화하는 트렌드에 대응하기 위해 저렴하고 품질이 낮은 옷이 생산되고, 재고와 헌 옷이 쌓인다. 독일 연방경제협력개발부(BMZ)의 2018년 보고서를 보면, 지구에 1년에 1억 톤의 의류가 생산되고, 그중 75퍼센트가 소각 또는 매립 처리된다. 생산되는 옷 4벌 중 3벌은 헌 옷의 무덤에 쌓여 남미와 아프리카의 환경을 더럽히는 셈이다.

가나 아크라 해변의 옷 쓰레기 산과 칠레 아타카마사막의

가나 아크라 해변에 쌓인 옷 쓰레기.

헌 옷 무덤은 먼 나라의 문제일 뿐일까? 약 49조 5000억 원 규모(2024년 전망치, 한국 패션 소비 시장 빅데이터)의 패션 시장을 가진 한국은 이 산더미 같은 헌 옷들의 무덤이 쌓이는 데 얼마나 가담하고 있을까.

국내 통계를 봐서는 한국의 옷들이 자국과 타국에 얼마나 버려지는지 쉽게 가늠하기 어렵다. 표면적으로는 멀쩡히 재활용되는 것처럼 보이기도 한다. 2022년 환경부 전국 폐기물 발생 및 처리 현황 통계를 보면, 의류 수거함에 분리배출된 폐의류가 연간 10만 6536톤이다. 분리배출된 품목은 매립, 소각, 재활용된 것으로 결과가 분류되는데, 공식 통계상에서는 매립이나 소각되지 않고 모두 '재활용'되는 것으로 나타난다. 한국의 옷만 유독 모두 재활용돼 어떠한 환경적 피해도 주지 않는다니, 뭔가 앞뒤가 맞지 않아 보인다.

통계의 비밀은 수출에 있다. 중고의류 수출은 공식적으로는 '재활용'으로 집계돼왔다. 한국은 글로벌 주요 중고의류 수출국이고, 폐의류 중 80퍼센트 이상이 수출되는 것으로 추정된다. 중고의류 수출 규모는 2021년 33만 5772톤, 2022년 30만 1376톤, 2023년 29만 5498톤(한국무역협회)이다. 해마다 30만 톤 정도 수출된다. 이는 미국, 중국, 영국에 이어 세계 4위에 해당하는 수치다(2023년 유엔 국제 무역 통계).

수출된 폐의류는 수출입 통계로 어느 나라로 갔는지 정

도만 추정할 수 있다. 수출된 국가는 2023년 기준 인도(8만 422톤), 말레이시아(5만 8030톤), 필리핀(2만 5001톤), 타이(2만 930톤), 파키스탄(2만 773톤), 나이지리아(1만 8014톤), 캄보디아(1만 7050톤) 등이다. 그 나라들에서 이 중고의류가 매각됐는지 혹은 소각됐는지에 대한 추적은 전혀 되지 않는다. 그저 한국 땅 안에서 공식적으로 매각이나 소각되지는 않았으므로 '재활용'으로 분류되는 것이다.

이렇게 국내 통계를 본다면, 한국에서 생산되는 헌 옷들이 쓰레기 산을 얼마나 만드는지 추정하는 것 자체가 불가능하다. 심지어 수출되는 중고의류의 양(연간 30만 톤)이 연간 국내에서 집계되는 중고의류 분리배출량(연간 10만 톤)보다도 많은 것으로 나타나기도 한다. 헌 옷 수거함에 넣는 의류보다 더 많은 양이 국외로 나간다는 것인데, 이 차이는 지방자치단체마다 집계가 들쑥날쑥한 데서 오는 것으로 보인다. 또한 집계되지 않은 재고 의류 등이 국외로 수출되는 영향도 있는 것으로 추정된다. 통계가 이렇게 허점이 많다 보니 폐의류가 국내나 국외 중 어디로 가는지, 국외로 나간다면 어떻게 최후를 맞는지 누구도 알지 못하게 되는 셈이다.

이는 중고의류와 이 옷들의 재활용을 연구한 논문들에서도 지속해서 지적되어온 문제다. 2019년 경제·인문사회연구회가 발간한 '중고의류 재사용·재활용 정책'(박훈 산업연구원 등)은 "우리나라 중고의류 배출량은 매년 '폐의류'라는 명칭으로 국내 전체와 지역별 통계를 발표하는 데 그치고 있다"며 "중고의류 수거에 대한 보고 체계가 명확하지 않아 1명당 배출량이 지역에 따라 큰 차이를 보일 뿐만 아니라 매년 통곗값이 등락을 거듭하는 등 불안정한 상태"라고 지적했다. '폐의류 처리 개선방안에 관한 연구'(한국기계연구원 무탄소연료발전연구실, 2022) 또한 사람들이 헌 옷을 넣는 의류 수거함이 민간 소유여서 폐의류 발생량과 그 처리 과정을 정확히 알 수 없다고 지적한다. "폐의류는 통계 관리가 되지 않고 있다. 그 이유는 공동주택(아파트)과 계약을 체결한 업체가 공동주택 쪽에 일정액을 지불하고, 폐의류를 수거하는 과정에서 폐의류가 생활폐기물이므로 폐기물 관리 시스템에 발생량을 입력할 의무가 없기 때문이다. 정확한 폐기물 발생량 통계는 폐기물 관리 정책 수립의 기본 자료이므로 폐의류 발생량이 정확하게 관리될 수 있도록 하는 조치가 필요하다."

헌 옷 수거함에 옷을 넣으면, 누구도 그 옷이 어떻게 되는지 모르는 상황이라는 것이다. 이런 상황에선 어떤 대책도 만들 수 없다. 이 때문에 외신 보도를 보고 국내 상황을 판단하는 근거를 추정할 수밖에 없다. 그러나 외신 보도는 주로 유럽과 미국의 옷이 이동하는 아프리카와 남미에 대한 내용이다. 이 보도를 보고 한국의 옷이 '죽은 백인의 옷' 이야기처럼 아시아권 제3세계의 환경을 오염시키고 있을 거라고 예상하지만, 그것은 어디까지나 예상이고 추정일 뿐이다.

한국 옷의 행방을 알 방법은 정말 없는 걸까. 그러기 위해선 우선 외신 보도에서 레퍼런스부터 찾아야 했다. 이 고민은 결국 우리가 직접 헌 옷의 이동 경로를 따라가보자는 생각으로 연결됐다.

우리는 2023년 9월 국제 탐사보도 콘퍼런스에서 진행한 슬로베니아 '오스트로' 소속 기자의 강연에서 영감을 얻었다. 쓰레기에 추적기를 설치하는 보도에 대한 이야기였다. 2022년 슬로베니아의 탐사보도 언론 오스트로는 쓰레기가 어디로 이동하는지 알아보기 위해 플라스틱병, TV, 컴퓨터, 아기 인형, 배낭 및 진공청소기를 포함한 30가지 가정용품에 추적기를 장착해 이 가정용품 쓰레기가 크로아티아와 파키스탄으로 이동했다는 사실을 확인했다.

유럽 언론들은 소수의 사례긴 하지만 추적기를 활용한 환경 보도를 종종 하고 있었다. 독일 탐사보도 언론 '플립'도 2021년 버리는 신발에 추적기를 설치해 동유럽과 아프리카로 이동하는 사례들을 추적했다. 스웨덴의 공영방송 SVT와 유명 신문 〈Aftonbladet〉 또한 추적기를 의류 수거함이나 H&M 매장 수거함에 넣어서 경과를 살핀 적이 있다.

우리는 일단 이 보도들을 길잡이 삼아 계획을 짰다. 버릴 예정인 옷에 추적기를 달아 한국 곳곳에 있는 헌 옷 수거함에 넣고 이 옷들의 경로를 따라가본다면 헌 옷이 어디로 수출되어 어떻게 매립되고 소각되는지 그 최후를 알 수 있지 않을까.

하지만 외국 언론의 아이디어를 국내에 그대로 적용하기에는 넘어야 할 큰 벽이 있었다. 사용할 만한 마땅한 추적기가 없었다. 탐사보도 콘퍼런스에서 슬로베니아, 스웨덴 언론인은 직접 썼던 추적기를 소개했다. 그들은 엄지손톱 크기의 Y사 추적기를 활용해서 플라스틱 쓰레기를 추적했다고 했다. 가격이 저렴하고 성능도 좋아 보였다. 그러나 그들이 사용한 Y사의 추적기는 아시아에서 작동하는 기종이 아니었다. 게다가 유럽에서는 50유로짜리 추적기로도 국경 너머까지 위치를 확인할 수 있었던 반면, 한국에서는 같은 가격대 추적기로 동일한 성능을 기대하기 어려웠다. 인공위성 기반의 GPS 추적기 업체를 알아봤지만, 추적기 크기가 옷에 부착하기 힘들 정도로 컸고, 가격도 하나에 수백만 원인 경우가 다반사였다. 수십만 원짜리 기기도 있었지만 국경을 넘어가면 작동하지 않았다.

절망 속에서 '추적기' 'GPS' 등으로 검색을 계속하던 중 시선을 잡아끈 온라인 문의 글이 있었다. "국외에서도 갤럭시 스마트태그가 되나요?" 삼성전자 누리집에 올라온 글이었다. 이 글을 보고 갤럭시 '스마트태그'가 뭔지 찾아봤다. 갤럭시 스마트태그는 통신 기능이 없는 열쇠나 반려동물 등에 부착해 스마트폰으로 위치를 확인할 수 있도록 도와주는 모바일 액세서리다. 질문은 이 기기의 '오프라인 찾기' 기능을 국외에서도 활용할 수 있느냐는 내용이었다. 회사 쪽은 긍정적 답을 내놨다. 애초에 이 스마트태그는 국외 여행 때 여행용 가방의 위치를 파악하는 용도로도 홍보되고 있었다. 이 글을 보고 스마트태그로 헌 옷을 추적할 수 있겠다는 생각이 들었다. 스마트태그는 위성 GPS를 쓰지 않아도 반경 120미터 안에 갤럭시 스마트폰 사용자가 있으면 블루투스로 교신해 자신의 위치를 스마트태그와 휴대전화를 연결해둔 사용자에게 알려준다. 세계 어디서든 주변에 블루투스로 연결할 수 있는 갤럭시 스마트폰만 있다면 위치 전송이 가능한 것이다. 게다가 스마트태그는 가격도 하나에 2만 원이 채 되지 않을 만큼 상대적으로 저렴했다.

이에 우리는 우선 한국의 헌 옷이 주로 버려지는 것으로 추정되는 동남아시아의 한 국가로 이 스마트태그를 하나 배송시켜봤다. 확인 결과, 갤럭시 스마트폰에서 '오프라인 찾기' 기능을 활용하니 동남아시아로 보낸 스마트태그의 위치를 확인할 수 있었다. 동남아시아에서 갤럭시 스마트폰 점유율은 1~2위를 차지하기에 스마트태그의 위치를 알려줄

만큼 주변에 충분히 갤럭시 스마트폰 사용자가 많았다는 얘기다. 우리는 곧바로 스마트태그 98개를 구입했다.

하지만 스마트태그에만 의지하진 않았다. 버려지는 헌 옷 더미가 사람들이 사는 동네 인근이 아니라 황무지에 있다면 반경 120미터 안에 갤럭시 스마트폰 사용자가 없을 수도 있기 때문이다. 게다가 스마트태그는 위치 오차가 1킬로미터 안팎이어서 더 정확한 위치를 확인할 수 있는 추적기도 필요했다. 이에 GPS 추적기 55개도 업체로부터 대여했다. 여러 업체를 물색한 끝에 개당 20만 원으로 가장 저렴하게 대여해주는 제품을 구했다. 이 GPS 추적기는 조난당한 사람을 찾을 수 있도록 구명조끼에 넣는 기술을 개발하고 있는 업체가 사용하는 것으로, 일반 사람에게는 판매하지 않는다. 이렇게 153개의 스마트태그 혹은 GPS 추적기를 확보했다.*

✽   추적기 비용도 실로 큰 고민거리였다. GPS 가격과 출장 비용을 고려하면, 2000만 원은 족히 들어갈 프로젝트였다. 12년간 언론 일을 해왔지만, 이 정도 규모의 예산을 써본 적은 없었다.
물론 우리가 소속된 언론에 게재할 예정이었기에, 회사에 보고하고 비용을 청구할 수도 있었다. 하지만 대형 방송사만큼 자금이 풍족한 곳이 아닌 데다가 미디어 환경 변화로 자금 사정이 좋지 않았다. 이 때문에 회사에 2000만 원이 넘는 비용을 청구하는 건 또 다른 걱정으로 다가왔다. 물론 눈을 딱 감고 요청을 해보는 방법도 있었으나, 이는 우리에게도 이 프로젝트의 성공 부담을 키우는 일이었다.
유일한 희망은 한국언론진흥재단의 기획취재 지원사업에 당선되어 최대 2000만 원을 지원받는 것이었다. 열심히 서류 작업을 해 신청했지만, 2024년 4월, 한 차례 탈락의 고 추적기 문제가 해결되자, 취재는 본격 궤도에 올랐다. 이제는 헌 옷 수거함에 버릴 의류를 구해야 했다. 단순히 헌 옷을 확보하는 것보다 많은 이의 눈길을 끌 방법을 생각하다, 유명인의 옷을 기부받아 이를 취재에 활용하기로 했다. 헌 옷과 환경문제에 관심을 보여온 유명인에게 수백 통의 전자우편을 보낸 결과 5명에게 답변을 받았다. '쓰레기 아저씨'로 불리며 환경문제에 관심을 보여온 배우 김석훈 씨, '환경에 진심인 배우'로 알려진 박진희 씨가 참여했다. 김석훈 씨는 옷을 기부하며 "옷들이 우리나라를 떠날 것이라는 생각이 든다"고 말했다. 또한 제로 웨이스트 가게를 낸 방송인 줄리안 씨, 〈한겨레〉에 '캡틴락 항해일지'를 연재하고 있고 환경오염과 관련한 노래를 작곡하기도 한 펑크 밴드 크라잉넛의 한경록 씨, 옷 소비에 대한 고찰을 다룬 《옷을 사지 않기로 했습니다》의 저자 이소연 씨의 의류를 기부받았다. 또한 〈한겨레21〉 기자들의 신발과 의류, 취재팀 본인과 가족의 의류도 실험 대상에 넣었다. 한 단체가 버리려 했던 옷도 받아 왔다.

추적기가 있고, 옷도 있다. 그런데 아직 준비가 끝난 게 아니었다. 추적기는 옷에 쉽게 부착되는 게 아니었다. 스마트태그는 플라스틱 재질이고, GPS는 외형이 비닐 재질로 덮여 있다. 에폭시 접착제를 활용해 추적기를 옷과 신발에 붙여보려 했으나 실패했다. 접착제는 단단한 소재에는 힘을 발휘했지만, 유연한 천과 신발 재질에는 무용지물이었다. 접착제를 이용해 붙이더라도 수출 과정에서 떨어질 가능성도 있었다. 한 중고의류 수출업체 대표는 "헌 옷이 더운 지방으로 선박을 타고 이동하면서 습기가 많이 발생한다"고 했다. 습한 환경을 견디지 못하는 접착제는 소용없는 것이다.

이때 대안으로 떠올린 게 바느질이다. 옷 사이의 올을 올 따개로 딴 다음 추적기를 집어넣고 다시 바느질하자는 아이디어였다. 외관상으로 소매는 하나의 천이지만, 자세히 보면 올을 뜯을 수 있고 그 사이에 공간이 있다. 그 공간을 열어 추적기를 넣고 바느질로 입구를 다시 닫으면 어떻게 될까? 추적기는 옷 안에서 돌지만 결과적으로 옷에 붙어 있게 된다. 스마트태그가 가로 39.1×세로 39.1×높이 10.4밀리미터로 성인의 엄지손가락 정도 되는 크기이기에, 이 공간을 충분히 활용할 수 있었다.

결국 우리는 2024년 7월 19일 의류에 추적기를 다는 작업을 시작했다. 의류마다 레이블링을 하고, 소매나 주머니 등의 올을 따고, 추적기를 휴대전화에 연결했다. 추적기는 의류에 넣은 채 미싱으로 박음질했다. 미싱 작업에는 배우

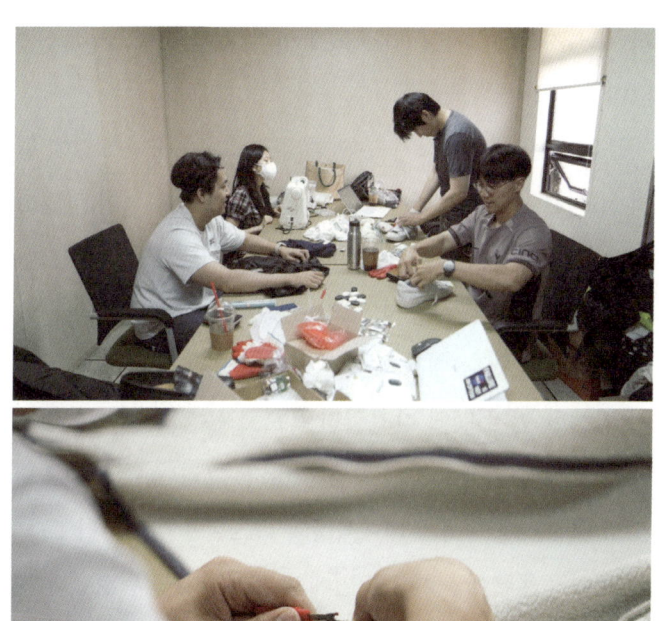

추적기를 옷에 부착하고 있다.

자까지 투입됐다. 취미로 하던 미싱 기술, 보유하고 있던 재봉틀이 이 작업에 박차를 가하는 열쇠가 될 것이라고, 이 작업을 시작하기 전 누가 상상이나 했을까. 덕분에 '옷의 올 따기-추적기 달기-미싱-이름표 붙이기-기록하기' 순서로 분업이 이뤄졌다.

무더운 여름날 추적기 부착 등의 작업에는 모두 5일에 걸쳐 30시간이 넘게 소요됐다. "이렇게 넣어서 추적이 잘될까요?" 작업 중에도 누군가가 말했다. 옷들이 그 먼 거리를 이동해 실제로 국외로 갈지, 그리고 옷에 달린 추적기가 성능에 맞게 신호를 보내올지 확신하기 어려웠다. 작업 과정에서 발생한 먼지 탓에 따가워진 목으로 몸 컨디션이 저하된 것도 부정적인 생각에 영향을 끼쳤다. 그러나 달리 뾰족한 수도 없었기에 묵묵히 레이블링과 바느질을 이어갔다. 그렇게 우여곡절 끝에 의류 153벌에 추적기 달기를 완료했다.

이제 추적기를 단 옷을 의류 수거함에 버리는 일이 남았다. 추적기 달린 옷을 한 동네에서만 버린다면, 특정 수출업체나 수거업자만 이 옷을 가져갈 것이다. 그렇게 되면 보도의 가치와 연구적 가치도 낮아질 수밖에 없다. 전국의 의류 수거함은 집계된 것만 10만 개가 넘는다. 우리는 이윤희 기후변화행동연구소 부소장과 협업해 연구 설계를 하고, 이에 따라 도심과 시골에 있는 의류 수거함에 추적기가 부착된

서울 성동구의 한 의류 수거함에 헌 옷을 넣고 있다.

옷들을 나누어 버리기로 했다. 수도권과 비수도권으로 지역도 안배했다. 지역 출장이나 여행을 갈 때 챙기거나, 지인에게 택배로 보내는 방식을 통해 150여 개의 의류를 전국 각지의 수거함에 버렸다. 옷을 버리기 전에 향후 옷의 탄소발자국을 측정하기 위해 중량을 재고, 성분도 꼼꼼히 기록해 뒀다. 2024년 8월 한 달간 우리의 차량에는 중고의류가 뿜어내는 먼지가 가득했다.

 이렇게 '죽은 한국인의 옷'을 찾기 위한 추적기 설치와 의류 폐기 작업이 끝났다. 2024년 7월 시작한 작업은 8월 중순에야 마무리됐다. 수출업체 관계자들의 이야기를 들어보면, 옷들이 국외에 가는 데는 최소 한 달 반 이상이 걸린다고 한다. 옷에 달린 추적기는 과연 이국땅 어딘가에서 신호를 보내올 것인가, 아니면 기술적 한계로 묵묵부답하고 말 것인가. 막연하고도 초조하게, 결과를 기다리는 일만 남았다.

1부

추적기가 깜빡이기 시작했다

영국의 엘런맥아더재단은 매년 발생하는 세계 의류 쓰레기가 약 4700만 톤(2017년 기준)이며 이 가운데 87퍼센트가 쓰레기로 처리된다고 분석했다. 국내에서도 많은 이가 의류 수거함에 넣은 옷이 그냥 버려지는 게 아니라 재활용될 거라 기대하지만, 실상은 다르다. 의류 수거함에 들어간 헌 옷들은 의류 폐기물이 되어 국내 중고의류 수출업체를 통해 동남아와 아프리카로 판매되는데, 이 지역의 의류 폐기물은 이미 포화 상태에 이르러서 상당 부분 재활용되지 못한 채 소각되거나 매립돼 환경문제를 일으키고 있다.

우리는 국내 의류 수거함에 버릴 옷들에 스마트태그와 GPS 추적기를 달아 이 옷들이 어디로 이동하는지 살펴보고, 버려지는 헌 옷들이 일으키는 문제의 심각성을 알아보기로 했다. 옷을 보낸 지 2개월 정도 지나자, 추적기가 동남아와 남미에서 하나둘씩 신호를 보내오기 시작했다. 결과는 어떻게 됐을까.

'쓰저씨' 바지는 말레이, 신발은 볼리비아에서 신호가 왔다

싱가포르와 인접한 말레이시아 조호르주의 파시르 구당 항구에 있는 한 컨테이너 화물 창고. 2024년 11월 6일, '나의 쓰레기 아저씨'로 불리는 배우 김석훈 씨의 검은색 바지에 달린 추적기는 이곳에서 신호를 보내고 있었다. 이 바지는 석훈 씨에게 기부받아 8월 14일 서울 마포구 공덕동 한겨레신문사 사옥 인근 의류 수거함에 버렸다. 그리고 3개월이 지난 뒤, 바지가 한국에서 4500킬로미터가량 떨어진 말레이시아 조호르주에 있는 항구에 도착한 것이다. 석훈 씨가 기부한 또 다른 물품인 아동용 운동화는 더 먼 거리를 이동했다. 한국과 1만 7340킬로미터 떨어진 볼리비아에서 발견됐다. 서울 강서구의 헌 옷 수거함에 2024년 8월 11일 넣은 이 운동화는, 경기도 일산과 인천항을 거쳐 12월 4일 칠레에서 신호를 보냈다. 칠레를 통해 남아메리카에 간 이 신발은 12월 12일 볼리비아 파타카마야로 이동했다. 해발

3800미터의 고산지대에 있는 인구 2만 명 남짓의 작은 마을로, 위성사진으로 추적기가 있는 곳을 보니, 공터였다.

우리가 입다가 헌 옷 수거함에 버린 옷은 어디로 갈까. 우리는 이윤희 기후변화행동연구소 부소장의 조언을 받아 니트(16벌), 티셔츠(22벌), 남방(14벌), 원피스(11벌), 패딩(9벌), 겨울 코트(9벌), 스포츠 의류(10벌, 등산복 포함), 간절기 재킷(13벌), 바지(26벌), 신발(16켤레), 가방(2개), 특수복 등 기타 제품(모자, 인형, 한복, 기모노 등 5개) 등 12가지 품목으로 옷들을 나눴다. 그리고 각 물건에 추적기를 달았다. 물품은 중저가 제품들이다. 이 옷들은 다 어디로 이동했을까.

헌 옷 수거함에 옷을 넣고 약 4개월이 지난 2025년 8월 6일 집계한 결과, 옷과 모자 그리고 신발 등 47개를 국외에서 발견했다. 153벌 중 30.7퍼센트에 이르는 수치다. 우리는 구글 스트리트뷰와 위성사진을 통해 국외에서 옷이 발견된 장소가 어떤 곳인지 찾아봤다. 옷에 달린 추적기는 말레이시아와 인도에서 가장 많이 발견됐다. 각 11개씩이었다. 이어 필리핀 7개, 타이, 인도네시아, 튀니지 각 3개, 볼리비아 2개, 페루, 일본, 세네갈, 우간다, 나이지리아, 가나, 파키스탄 각 1개 순으로 발견됐다.

말레이시아로 간 옷들은 11개 중 8개가 항구에 있었다. 조호르주의 파시르 구당 항구 혹은 셀랑고르주 클랑항의 창고 등에서 신호를 보냈다. 석훈 씨의 바지처럼 싱가포르 인근 말레이시아 항구로 간 옷들은 인도네시아와 인도, 캄보디아 등으로 이동할 가능성도 크다.

말레이시아에 있는 헌 옷의 이동 장소로 특히 유력한 곳은 인도네시아다. 수출업체 A사 대표는 "말레이시아로 간 헌 옷들은 자국에서 소비하는 게 10퍼센트 정도다. 나머지는 주변국으로 나가는 것으로 알고 있다. 그중 가장 많이 재수출되는 나라가 인도네시아"라고 했다. 인도네시아는 중고 의류 수입을 규제하는 나라이기에, 한국 수출업체들은 인접국인 말레이시아를 거쳐 인도네시아로 헌 옷을 보낸다. 말레이시아에서 인도네시아로 수출하는 게 상대적으로 용이한 것으로 알려져 있기 때문이다. 말레이시아를 거쳤는지는 확인할 수 없지만, 인도네시아에서도 서울 도봉구의 수거함에 넣은 티셔츠 한 벌이 발견됐다. 물론 말레이시아를 통해 인도네시아가 아닌 다른 국가로 이동하는 경우도 적지 않다. 서울 송파구의 헌 옷 수거함에 넣었던 스웨터는 말레이시아 셀랑고르주 클랑항을 거쳐서, 인도로 간 것으로 나타났다.

보낸 옷 중 가장 많은 옷이 이동한 또 다른 나라는 인도였다. 인도에서는 추적기가 재활용 공장 창고나 공터에서 주로 신호를 보내왔다. 특히 인도에 도착한 옷 11개 중 9개(1개는 경유)가 파니파트라는 시로 이동했다. 파니파트는 '헌 옷의 수도'라고 불리는 도시다. 세계에서 수입한 옷을 재활용하는 것으로 유명하다. 다만 이 과정에서 섬유 폐기물이 증가하고 환경오염이 발생하는 것으로도 알려져 있다.

필리핀으로 이동한 옷들이 신호를 보내오는 곳은 지도상으로는 좌표를 알기 힘든 곳이 많았다. 인근에 야적장이 있는 시골에서 2벌, 용도를 알 수 없는 창고에서 2벌, 중고 시장에서 2벌 등이 신호를 보내왔다. 타이로 보내진 신발 2켤레와 바지 1벌은 타이 동부의 롱끌르아 시장에서 발견됐다. 롱끌르아는 타이과 캄보디아의 국경 시장으로, 중고 신발이 주로 팔린다.

남미의 페루로 간 베레모는 볼리비아 국경지대 훌리아카에 있다가, 볼리비아와 더 가까운 한 산골 마을로 이동했다. 위성지도로 보면, 이 모자는 마을 외진 공터에 있어서 매립됐을 가능성도 있다. 볼리비아로 간 남방은 해발 3735미터의 도시 오루로시의 시내에 있다.

추적기를 단 옷이 출발한 지 1년, 아직 의류는 종착지로 가지는 않은 것으로 추정된다. 특히 중고 시장이나 항구, 창고에 머물고 있는 옷들은 앞으로 다른 나라나 다른 장소로 이동할 가능성도 크다. 동남아시아나 인도로 보내진 옷도 재수출 등을 통해 아프리카나 남미로 이동하기도 한다.

헌 옷들이 간 국가들은 중고의류 수입을 금지하는 곳이

많았다. 자국 제조업의 성장을 저해한다고 보기 때문이다. 인도네시아의 경우 2015년부터 헌 옷 수입을 금지했고, 필리핀 또한 1960년대부터 옷 수입 금지 규정을 두고 있다. 페루와 볼리비아 또한 중고의류 수입을 제한(페루는 기부 물품은 통관 허용)한다. 하지만 한국 중고 옷들은 편법·불법적으로 이런 규제를 뚫고 이동하고 있는 셈이다. 이런 이동은 선진국들의 중고의류가 개발도상국으로 이동하는 흐름과도 같은 맥락이다. 엘런맥아더재단의 2024년 보고서를 보면, 중진국과 선진국 중심 경제협력개발기구(OECD) 국가들은 전 세계 중고의류 수출의 71퍼센트(2021년 기준)를 차지했다. 미국과 유럽이 아프리카와 남미로 옷을 보내는 반면, 한국은 가까운 동남아시아나 인도로 옷을 보낸다는 점만 차이가 있을 뿐이다.

   수출업계 관계자들과 전문가들은 수출된 옷 절반 이상이 결국 버려진다고 본다. 우리 또한 현지 취재를 통해 이 같은 추정을 눈으로 확인했다. 수출업체 B사 대표는 "가나에 갔었는데, 중고 상인들이 주변 강에 헌 옷을 버리고 있었다. 이런 사례들처럼 해당 국가에서는 주로 헌 옷을 팔다가 못 파는 건 버릴 것"이라고 말했다. 국외로 간 의류 일부는 재판매나 재활용 시도도 없이 바로 버려지기도 한다. 애초에 재활용이나 재판매가 어려운 옷을 수출한 경우다. 수출업체에서 일하는 ㅈ씨는 "싼 가격으로 쓰레기에 가까운 옷을 수출할 옷에 섞어 보내는 사례도 있다. 수출업체 입장에서는 소각 비용이 많이 들기 때문에, 그게 더 낫다고 생각하는 것"이라고 전했다.

2025년 8월 6일 기준 실험 대상인 153개의 옷을 추적한 결과, 향후 국외로 수출될 것으로 보이는 헌 옷들도 많았다. 먼저 항구에 머물러 있는 옷이 30벌에 달했다. 이 가운데 인천항에 있는 옷이 19벌로 가장 많았다. 배우 박진희 씨의 재킷은 서울 구로구 수거함에 넣었는데, 인천 중구의 항구로 이동했다. 크라잉넛 한경록 씨의 공연용 셔츠, 이소연 작가의 스웨터도 각각 서울 동대문구, 경남 창원에 있는 헌 옷 수거함에서 인천항으로 향했다. 줄리안 씨가 건넨 티셔츠도 경남 창원시의 한 의류 수거함에 투입했는데, 가까운 마산 합포구 가포신항만 인근으로 간 것으로 확인됐다.

아직 항구로 이동하지는 않았지만, 헌 옷 수출업체로 보내져 곧 국외로 수출될 가능성이 있는 의류들도 있었다. 확인된 것만 17벌이 이런 옷이다. 폐기용으로 분류되지는 않았지만, 수출업체의 사정에 따라 현재 재고 상태인 것으로 보인다. A사 대표는 "헌 옷이 계절이 바뀌는 가을에 조금 많이 수거되고, 겨울에는 비수기여서 수거가 안 된다. 겨울을 대비해서 나머지는 보관해놓는다"고 했다. 헌 옷 수출업체

경기도 포천시의 한 수출업체에서 옷들이 포장되고 있다.

무역 실장은 "어떤 공장은 국외와 거래선이 좋아서 바로바로 수출된다. 그런데 아닌 곳도 있다. 그런 공장은 재고가 남는다"고 했다.

153벌 중 국외에서 발견됐거나, 항구에 있거나, 수출업체에 있는 것을 합하면 93벌로 60퍼센트가 넘는다. 추적기 작동 오류 등으로 행방을 알 수 없는 옷들이 20~30벌인 점을 고려하면, 전체 70~90퍼센트가량이 수출된다고 말하는 수거·수출 업체 관계자들의 추정이 맞아떨어진다.

그렇다면 수출된 옷은 어떻게 타국으로 떠나게 된 걸까. 우리는 이 과정을 구체적으로 알기 위해 추적기의 이동 경로를 파악하고, 경기 포천과 광주의 의류 수출업체, 남양주의 의류 수거업체를 방문했다. 헌 옷들은 수거-분류-수출 단계를 거치고 있었다. 말레이시아로 간 배우 김석훈 씨의 검은색 바지도 이런 방식으로 이동했다.

수거

석훈 씨 바지는 2024년 8월 12일 서울 마포구 공덕동의 의류 수거함에서 여정을 시작하고 이틀이 지난 8월 14일 이동을 시작했다. 헌 옷 수거함 수거 차량에 실린 게 이때로 보인다. 옷은 수거 차량의 이동 경로에 따라 마포구 일대를 한 바퀴 돈 뒤 저녁 늦게 경기 고양시 덕양구 덕은동에 도착했다.

추적기를 살펴보니 헌 옷 수거함에 들어간 옷의 약 80퍼센트가 10일 안에 수거(추적기 첫 이동을 수거로 집계)되는 것으로 나타났다. 수거업체가 자주 방문하는 곳은 이틀이나 사흘 정도면 옷들이 이동한다. 수거업체에서 일하는 40대 직원 조 아무개 씨는 우리와 만나 "헌 옷 수거함이 다 차면 20킬로그램 정도 된다. (수거함이) 다 차지 않아도, 일주일에 한 헌 옷 수거함에서 많을 때는 세 번 정도 수거를 한다"며 "재활용이 안 되는 담요 같은 것도 수거함에 많은데, 저희가 폐기물 처리를 하고 있다"고 했다.

분류

석훈 씨의 바지는 헌 옷 수거업체가 몰려 있는 경기 고양시를 중심으로 움직이다가, 8월 20일 파주시의 한 장소로 이동했다. 확인해보니, 이곳은 의류 수출업체였다. 수출업체는 여기서 옷을 수출할 수 있는 상품인지 아닌지 분류하는 작업을 한다. 수출업체에 들어온 의류는 분류 작업을 통해 180종류로 분류된다. A사 대표는 "바지 종류면, 반바지, 청

바지, 면바지, 등산바지 등 20가지다. 티셔츠, 아동복, 패딩, 블라우스류 등도 세부적으로 나눈다"고 했다. 수거된 옷은 주로 동남아시아나 아프리카에서 온 이주노동자들이 분류 작업을 한다.

  이 과정에서 걸러져 아예 폐기되는 것도 10~20퍼센트 정도다. B사 대표는 "수거된 옷이 들어오면 컨베이어 벨트를 태운다. (…) 그 과정에서 찢어지거나 오염된 건 쓰레기로 처리된다. 하루에 한 35~40톤 헌 옷을 분류하면, 3.5~4톤 정도가 쓰레기로 나온다"고 했다. 인조가죽처럼 습한 환경에 약해 수출이 어렵거나, 에코백이나 한복 등 수입국에서 수요가 없는 물품도 걸러져 쓰레기가 된다.

수출

석훈 씨의 바지는 폐기되지 않고 수출 대상 품목으로 분류됐다. 비교적 깨끗하게 관리된 옷이었기 때문으로 보인다. 분류를 마친 헌 옷은 50킬로그램, 70킬로그램, 100킬로그램 등으로 묶인다. 수거 시에 헌 옷은 킬로그램당 600원인데, 수출할 때는 품목이나 수출 국가별로 천차만별이다. 석훈 씨의 바지는 수출업체에 도착한 지 일주일 뒤인 8월 26

일 서쪽으로 이동했다. 이날은 경기 김포시에서 신호가 끊겼다. 8월 30일부터는 서해 바닷가 인근에서 위치를 전송했다. 이곳은 인천 중구 인천컨테이너터미널이었다. 그로부터 약 두 달이 지난 10월 24일, 옷은 말레이시아 조호르주 파시르 구당 항구에서 발견됐다.

수출되지 않고 국내에 남는 옷들은 대부분 재활용되지 않고 불타는 것으로 드러났다. 우리가 추적기를 단 옷과 신발 중 태워진 것으로 파악되는 물품은 5개다. 특히 신발 두 켤레(서울 영등포구 투입)와 원피스(서울 용산구 투입)는 수거되고 약 한 달 만에 경기 평택시의 한 민간 소각장으로 이동했다. 이 소각장 관계자는 "의류만 따로 들어오는 것은 없고, 공장에서 발생하는 폐기물이나 산업폐기물만 처리하고 있다"며 "들어온 쓰레기는 열에너지로 전환하고 있다"고 했다.

수출업체를 거친 헌 옷들은 '생활폐기물'에서 '산업폐기물'(사업상 폐기물, 공장 등에서 나온 쓰레기)로 바뀌어 소각되는 것으로 추정된다. 생활폐기물은 지역자치단체가 관리하고 공공 소각장에서 주로 처리되지만, 산업폐기물은 민간업체가 주로 소각한다. 그러니까 헌 옷 소각은 대부분 상대적으로 정확한 실태 파악이 어려운 민간 영역에서 이뤄지는 셈이다.

소각장이 아닌 소각로가 있는 염색·섬유 공장으로 이동한 옷들도 있다. 서울 마포구에서 출발한 코트와 강원 영월

군에서 출발한 등산복 상의는 경기의 한 도시에 있는 섬유 공장 2곳(옷마다 다른 공장)에서 위치 신호가 끊겼다. 두 공장은 소각로를 보유하고 있다. 일부 섬유 공장의 중고의류 소각은 불법적으로 이뤄지기도 한다. 공장들은 지정된 품목을 환경부에 신고한 양만큼만 소각해야 한다. 그러나 폐의류의 경우 섬유·염색 공장이 이를 지키지 않고 무허가로 소각하기도 한다. 선박 운임 비용 상승과 국제 헌 옷 이동 규제 강화로 헌 옷 수출업계가 어려워진 탓에, 저렴하게 헌 옷 쓰레기를 처리하려는 시도다. 수출업체 관계자 ㅈ씨는 "헌 옷 양 대비 처리해야 할 쓰레기가 많이 나온다. 소각 비용은 비싸고 수출 사정은 좋지 않아 여력이 없다. 섬유 공장에서 신고하지 않고 더 싸게 소각해준다고 하고 태우는 경우가 있는 것"이라고 했다.

태우지 않고 재활용하는 것도 일부 있다. 전체 헌 옷 수거량의 10퍼센트는 산업용 기름걸레로 재활용한다. 선박, 기계나 바닥 등을 닦는 용도다. 일반적으로 면 소재 헌 옷이 주로 쓰인다는 게 수출업자들의 말이다. 실제로 경기도 광주시의 한 수거함에 넣은 티셔츠는 경기도 양주시에 있는 섬유 재활용 기업으로 이동했다.

수출업계 관계자들 말을 들어보면, 재판매되는 의류는 전체 중고의류의 1퍼센트 안팎이다. 우리가 보낸 추적기에서도 옷이 국내 구제 의류 가게에서 재판매된 흔적은 발견하지 못했다. 많은 사람이 '누군가 다시 입겠지'라며 헌 옷 수거함에 옷을 넣으며 했던 막연한 기대는 현실이 아니다. 153개의 추적기로 살펴본 헌 옷의 여정은 대부분 태워지거나 매립지로 향하는 과정이었다.

수출되지 않고 국내에 남은 옷은 소각됐고, 재활용이나 재사용된 사례는 찾아보기 어려웠다. 수출된 헌 옷들 또한 대부분은 인도, 말레이시아, 필리핀, 타이 등 개발도상국으로 향했다. 그곳에서는 재판매되기도 하지만 대부분 매립지와 소각장으로 향할 가능성이 크다는 게 전문가들의 설명이다. 홍수열 자원순환사회경제연구소 소장은 이 과정은 정당하다 말할 수 없다고 본다. "물론 그 나라들도 (중고의류 수입) 수요가 있어요. 중고의류 수출업체들이 비도덕적이고, 문제라고만 얘기하긴 어려워요. 그런데 그 나라에서 절반은 안 입고 버려진다고 보면, 이건 쓰레기를 수출하는 거죠."

최근 유행하는 패스트패션과 울트라 패스트패션 옷들은 대부분 합성섬유 소재다. 우리가 보낸 옷 중 소재를 확인할 수 있는 것은 74개였는데, 이 중 66개가 폴리에스터와 나일론 등 합성섬유로 이뤄졌다. 합성섬유는 매립할 때 많은 양의 메탄가스를 배출하고, 잘 썩지도 않는다. 불법 소각 시에는 유독가스도 뿜어낸다. 합성섬유에서 나온 미세플라스틱

가나 아크라 해변.

은 강과 바다를 오염시킨다. 한국은 이 모든 오염을 헌 옷과 함께 개발도상국에게 떠넘기고 있다.

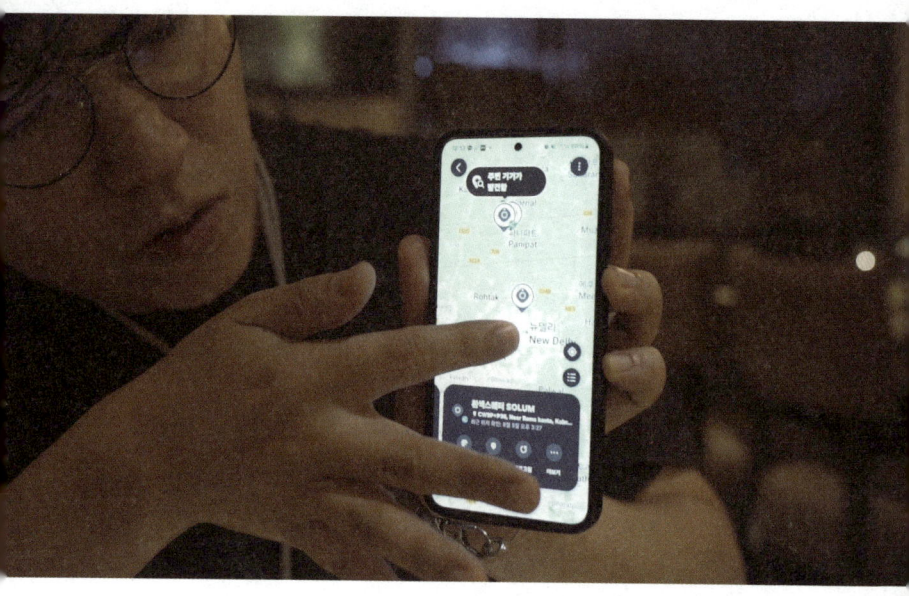

인도로 간 스웨터의 추적기가 신호를 보내왔다.

스웨터는 인도 북부로 갔다, 예외 없이

우리는 2024년 7월부터 8월까지 헌 옷을 의류 수거함에 넣고 이 옷들이 어디로 가는지 추적해봤다. 153개의 옷, 신발, 가방 등 12가지 품목의 이동 경로를 파악하고 현장을 취재했다. 이 결과는 우리가 그동안 알 수 없었던, 버린 옷의 행선지에 대한 궁금증을 풀어줬다.

헌 옷 수거함에 넣은 옷들은 말레이시아, 인도, 필리핀, 타이, 인도네시아, 볼리비아, 페루, 일본 등으로 수출됐다. 추적기 이동 경로를 보면, 몇몇 물건은 특정한 나라로 가는 경향을 보였다. 먼저 인도로 스웨터가 많이 수출됐다. 인도로 간 옷 11벌 중 8벌이 스웨터다. 특히 8벌 중 5벌이 인도에서 섬유 재활용으로 유명한 북부의 파니파트로 이동했다. 나머지 중 1벌 또한 파니파트에 있다가 인도 북부 다른 지역으로 옮겨졌다. 수출업체 A사 대표는 "인도로 간 것 중에 좋은 것들은 재생하는 것으로 알고 있다. 세척 과정을 거친 뒤 (올을) 풀어서 섬유로 쓰는 것"이라고 했다.

게다가 인도로 간 옷 11벌 중 8벌은 앞서 말했듯 스웨터였고, 1벌은 코트였다. 티셔츠 2벌을 제외하면 모두 겨울 의류다. A사 대표는 "인도는 북부 주변에 고산지대가 많다. 또 인도를 통해 인근 부탄과 네팔로도 겨울옷이 넘어간다"고 했다.

타이의 경우 신발이 주로 향했다. 추적된 물품 중 국외에서 발견된 신발은 2켤레인데, 모두 타이의 롱끌르아 시장에서 발견됐다. 이 시장은 신발을 재판매하는 곳이다. 하지만 다시 주인을 찾지 못한 신발은 폐기되는 것으로 알려져 있다.

우리가 보낸 헌 옷 중 아프리카에서 발견된 옷도 7벌 있었다. 튀니지 3벌, 우간다, 나이지리아, 세네갈, 가나 1벌씩이었다. 아프리카는 정장류를 선호하는 것으로 알려져 있다. 실제로 아프리카로 간 옷 7벌 중 4벌이 캐주얼 슈트로 입을 수 있는 셔츠와 바지였다.

아프리카로 간 옷들은 다른 나라로 간 옷에 비해 숫자가 적었고, 도착에도 시간이 걸렸다. 동남아시아와 인도가 2~3개월, 남미도 3~4개월이면 도착했는데 아프리카로 간 옷의 경우 한국에서 헌 옷을 수거함에 넣은 지 6개월이 지나서야 아프리카 대륙에서 위치 신호를 보내왔다.

수출업체를 통해 이야기를 들어보니, 아프리카로 가는 헌 옷들은 최근 들어 수출 물량이 줄었고, 국제 정세로 인해 수

수출업체의 창고에 쌓인 헌 옷 더미.

출에 걸리는 기간도 길어졌다고 한다. 헌 옷 수출 회사 ㄱ무역에서 일하는 ㅇ씨는 "국제 정세 불안에 따라 홍해를 지나서 서아프리카로 가던 뱃길을 두고 희망봉을 돌아서 가는 일도 벌어진다. 컨테이너 비용, 해상 운송비가 올라 아프리카 헌 옷 수출 상황이 안 좋다"고 했다.

굳이 말레이시아를 거쳐 인도네시아로 가는 이유는 뭘까? 확인한 결과, 자국 의류산업 보호를 위해 중고의류 수입을 금지하는 나라로도 한국의 헌 옷이 이동한 것으로 나타났다. 옷들은 어떻게 이동한 것일까?

인도네시아

2024년 8월 서울 도봉구의 수거함에 넣은 티셔츠 한 벌이 3개월 뒤 인도네시아에서 발견됐다. 인도네시아는 2015년부터 중고의류 수입 금지를 선언했다. 이후 금지 선언이 잠정 해제된 적도 있지만, 통상적으로는 규제된다. 2023년 조코 위도도 당시 대통령도 "헌 옷 수입은 국내 섬유산업을 혼란에 빠뜨리고 있다"고 언급했을 정도다.

이에 한국 수출업체들은 인도네시아가 아닌, 인접국 말레이시아의 거래처와 거래한다. 인도네시아는 말레이시아에서 수입되는 중고의류 또한 규제하지만, 단속이 엄격하지는 않다. 무역통계 누리집 트레이드맵 데이터와 현지 언론에 따르면 2020년 말레이시아에서 인도네시아로 수출된 중고의류는 2만 4040톤이었는데, 2021년 2만 7386톤, 2022년 2만 5808톤으로 증가했다. 의류 수출업 관계자 ㅈ씨는 "말레이시아와 인도네시아는 옆 나라니, 밀거래식으로 넘기는 것"이라며 "단속이 확 심해지면 멈춘다"고 했다.

필리핀

필리핀도 마찬가지로 법으로 중고의류 수입을 금지하는 나라인데, 한국의 헌 옷이 수출된다. 전국 헌 옷 수거함에 넣은 옷 중 7벌이 필리핀에서 신호를 보내왔다. 필리핀은 '우카이우카이'라 불리는 중고의류품 거래상이 존재한다. 2019년 영국문화원이 발간한 '중고의류 수입이 필리핀 산업에 미치는 영향'(필리핀 패션 혁명)을 보면, 옷들은 다른 물품으로 신고되거나 기부받은 물품으로 가장해 필리핀으로 수입된다. 또한 통관 담당자에 따라 중고의류 통과를 허용하는 경우도 있어, 사실상 법이 제대로 작동하지 않는다. 수출업체 관계자는 "필리핀은 수입 금지국인데도 컨테이너째로 헌 옷이

들어갈 수 있다"고 했다.

  필리핀은 플라스틱 쓰레기로 골머리를 앓는 나라다. 2018년 7월 민다나오섬으로 6500톤의 한국발 쓰레기가 불법으로 수출됐다가 이후 반송돼 논란이 일었다. 필리핀은 해양에 떠다니는 플라스틱 쓰레기 세계 최대 배출 국가라는 오명(2021년, 디오션클린업)을 쓴 바 있다. 합성섬유로 만들어진 의류도 강과 바다를 미세플라스틱으로 오염시키는 등 플라스틱 쓰레기 문제를 일으킨다. 이 때문에 한국의 중고의류가 버려질 경우 필리핀 플라스틱 쓰레기를 증가시키는 영향을 줄 수도 있다.

남미와 아프리카

볼리비아에서는 배우 김석훈 씨가 보낸 신발, 그리고 셔츠 한 벌이 발견됐다. 페루에서도 베레모가 발견됐다. 두 나라를 포함해 아르헨티나, 브라질 등 남미 국가 대부분이 중고의류 수입을 금지하는데도, 역시 옷이 이동했다.

  아프리카에서도 역시 헌 옷들이 발견됐다. 튀니지, 나이지리아, 세네갈, 우간다, 가나 등 국가도 아프리카 전역에 걸쳤다. 남방 형태의 셔츠 2벌과 티셔츠 2벌, 바지 3벌로 품목도 다양했다.

아프리카도 중고의류에 대한 거래 규제 움직임이 있다. 르완다, 탄자니아, 우간다 등 동아프리카공동체(EAC)는 2016년부터 단계적으로 중고의류 수입 금지 조처를 내렸다. 현재는 중고의류 최대 수출국인 미국의 압력으로 대부분 철회했지만, 규제는 강화될 것으로 보인다.

남미와 아프리카, 동남아의 수입 금지·규제 국가로 이동하는 중고 옷들은 '묻지 마 물류'인 경우가 많다는 게 수출업자의 말이다. 수출업자 김 아무개 씨는 "개발도상국들은 물품을 분류해서 통관하는 게 아닌 '이삿짐' 개념으로 컨테이너를 통관해주는 곳도 많다. '개인 물건'이라는 식으로 신고하고 실제로는 중고의류를 실어서 보내는 것"이라고 했다.

버려진 지역별로 헌 옷의 이동은 어떻게 달랐을까. 먼저 서울 강남에서 버려진 옷이 일반적인 옷과 행선지에 차이가 있는지 확인해봤다. 강남 3구(강남, 서초, 송파구)에 넣은 옷 10벌 중 3벌이 인도, 말레이시아로 수출됐고, 4벌은 수출업체에 머물러 있는 것으로 확인됐다. 절반가량이 수출되거나 국내에서 수출 단계를 거치고 있는 것을 고려하면, 평균보다 다소 높은 수치지만 큰 차이는 없는 것으로 보인다. 강남 3구에서 출발한 옷 중 개인이 옷을 사 간 것으로 보이는 것도 없었다.

다만 수출업자들은 수입업체와 국내 구제 도매상에서 강남 3구 등과 같은 부유층 거주지의 헌 옷이 선호되는 편이라고 했다. A사 대표는 "확실히 서울 일부 지역의 헌 옷은 품질이 좋은 편"이라며 "구제 가게 하는 분들이나 수입해 가는 분도 헌 옷 한 꾸러미(50~100킬로그램)를 사서, 꾸러미에서 명품이 나오면 꾸러미 가격 이상의 소득을 얻을 수도 있으니 선호하는 것"이라고 말했다.

수도권과 대도시, 비수도권과 중소 도시에 넣은 옷의 처리 결과에는 차이가 있을까. 최종 행선지에 차이가 있다고 말하기는 어렵지만, 수거 속도는 다르다. 서울과 수도권, 부산 등 대도시의 의류 수거함에 넣은 옷들은 10일 안에 수거되는 경향을 보인다. 반면 인구 10만 명인 충남의 한 소도시의 헌 옷 수거함에 넣었던 스웨터는 한 달이 걸렸다. ㅇ씨는 "소도시는 아예 민간업체가 아닌 부녀회나 새마을회 등이 관리를 맡는다. 1년에 몇 번 정도만 수거할 것"이라고 했다. 다만 소도시의 옷도 수출업체에 오면 서울이나 수도권의 옷과 같은 기준으로 수출 여부가 정해진다.

헌 옷 수거업자들은 헌 옷이 자주 나오는 시기가 따로 있다고 말한다. 우선 여름에 더 많은 헌 옷이 수거된다. 겨울에는 평소보다 30퍼센트 정도 옷 배출량이 줄어든다. 환절기

헌 옷 수출업체에서 국외로 나갈 옷들이 포장되고 있다.

에도 사람들이 옷장 정리를 하기 때문에, 옷이 평상시보다 많이 배출된다.

수출하지 않고 국내에서 소각하는 옷과 잡화는 어떤 것일까. A사 대표는 인조가죽으로 된 제품은 수출하기 어려워 국내 폐기(주로 소각)된다고 했다. "(인조가죽은) 조금 쓰다 보면 벗겨지잖아요. 가방하고 신발은 쓰레기가 옷보다 많이 나와요. 가방과 신발 30~40퍼센트가 쓰레기로 나와요. 이게 인조가죽 때문이거든요. 수출을 보내면, 동남아는 3주, 아프리카는 두 달까지(운항 기간 기준) 걸리거든요. 그 과정에서 더운데 컨테이너 안에 들어가 있으니까 인조가죽이 다른 물품에 붙어서, 나머지 것까지 쓰레기로 만들어요. 그래서 수출을 못 하는 거죠."

A사 대표의 말처럼, 우리가 추적기를 단 물품 중에 인조가죽으로 된 검은색 부츠가 있었는데, 이 부츠는 보낸 지 한 달도 되지 않은 2024년 8월 국내에서 소각되는 운명을 맞이했다.

서로 다른 재질이 붙어 있는 의류도 소각된다. 예를 들어 상의는 면 재질로, 하의는 폴리에스터로 이뤄진 옷이 그렇다. A사 대표는 "면을 분리해내야 산업용 걸레나 헝겊으로 재활용할 수 있는데, 인건비가 들기 때문에 어렵다"며 "이런 옷들은 재활용되지 않는다. 재활용을 위해서는 생산업체가 단일 재질로 옷을 만들어주면 좋다"고 했다.

무심코 버린 모직 코트 한 벌,
종이컵 912개 버린 것과 같다

티셔츠 한 장을 사고 버리는 일과 직장인이 1년 동안 출근할 때마다(247일로 계산) 매일 '테이크아웃' 일회용 종이컵 세트(종이컵과 홀더, 플라스틱 덮개 포함)를 사고 버리는 일. 이 두 가지 중 이산화탄소 배출량이 더 많은 행동은 뭘까?

정답은 전자다. 티셔츠 한 장을 사고 버릴 때 탄소가 더 많이 배출된다. 티셔츠를 사고 버리면 이 옷이 재사용되더라도 일회용 종이컵 306개를 쓰는 것과 같은 양의 탄소(7.55kg CO_2-eq/ea)가 배출된다. 이뿐만 아니다. 이 옷이 수출된 뒤 국외에서 불법 폐기되는 경우 종이컵 337개를 쓰고 버리는 만큼의 탄소(8.33kgCO_2-eq/ea)가 배출된다. 반면 1년에 평균 근무일 기준 매일 하나씩 일회용 종이컵을 쓰면 종이컵은 247개가 사용되는데, 이를 감안하면 1년하고도 4~5개월가량이 지나야 티셔츠 한 장을 소비할 때 배출하는 탄소량과 같아진다. 특히 티셔츠가 불법 폐기됐을 경우 한 벌이 배출하

의류에 포함된 소재별 중량을 재기 위해 옷 안의 내용물을 꺼내고 있다.

는 탄소는 30년생 소나무가 한 그루(강원도 소나무 기준 그루당 8.1$kgCO_2$-eq 흡수) 이상 있어야 흡수 가능하다.

이윤희 기후변화행동연구소 부소장에게 헌 옷과 잡화 150점에 대한 탄소발자국 계산을 의뢰한 결과 위와 같은 결과가 확인됐다. 탄소발자국이란 물품 생산부터 폐기까지 발생하는 탄소배출량을 계산한 수치다. 단위는 $kgCO_2$-eq다. 1$kgCO_2$-eq/ea는 해당 제품 1개가 생산될 때부터 폐기될 때까지 1kg의 이산화탄소를 배출한다는 뜻이다. 테이크아웃 종이컵의 탄소발자국은 24.7gCO_2-eq/ea이다. 원료 채취 및 생산(제조 전 단계), 제품 생산(제조), 수송, 사용, 폐기까지 제품 하나가 거치는 전 과정에서 직간접적으로 발생하는 탄소배출량을 측정해 계산한다. 이번 연구에서는 데이터 수집이 불가능한 제품의 생산·사용 단계는 제외하고, 나머지 단계들로 탄소발자국을 계산했다.

이윤희 부소장과 우리는 이 연구를 위해 옷의 중량을 재고 상표에 적힌 소재를 파악했다. 중량과 소재가 파악된 150점(추적기는 옷 153개에 달았으나, 3개는 소재와 중량 측정 전에 보내 제외)에 추적기를 달아 헌 옷 수거함에 넣었다. 이후 추적기 이동 경로를 파악하면서, 수출 과정의 이동과 재활용 여부에 따른 탄소배출량을 계산하기로 했다.

이 중 소재에 따라 탄소발자국 측정이 가능하고, 소재별

기후변화행동연구소 부소장과 의류의 중량을 재고 있다.

중량을 확인 가능한 것들을 중심으로 45점에 대한 분석을 진행했다.

측정 결과 의류의 탄소배출량을 결정하는 핵심 인자는 소재였다. 이윤희 부소장은 "소재가 미치는 탄소발자국의 영향이 90퍼센트 가까이 된다"며 "킬로그램당 탄소발자국이 적은 저탄소 원단을 쓰면 탄소발자국이 적으나 반대로 고탄소 원단, 킬로그램당 많은 탄소를 배출하는 원단을 사용하는 경우 탄소발자국이 크다"고 했다.

1개당 가장 많은 탄소를 배출한 것으로 파악되는 품목은 겨울 코트다. 특히 서울의 헌 옷 수거함에서 인도로 간 겨울 코트의 경우 생산만으로 21.56$kgCO_2$-eq/ea의 탄소발자국이 생겼다. 또 인도로 수출된 뒤 불법 폐기된 것을 가정하면 22.43$kgCO_2$-eq/ea의 탄소발자국이 생겼다. 이는 테이크아웃 종이컵 908잔에 해당하는 탄소량이다. 이 코트는 겉은 모로 돼 있고 안은 폴리에스터로 만들어졌다. 코트의 탄소발자국에 많은 영향을 미친 것은 고탄소원단(30$kgCO_2$-eq/ea)인 '모'다. 또한, 티셔츠와 원피스보다는 상대적으로 무거운 중량 탓에 조사 대상인 겨울 코트들의 평균 탄소발자국은 (불법 폐기 가정하에) 22.52$kgCO_2$-eq/ea였다. 테이크아웃 종이컵 912개를 사고 버리는 것과 같은 수치다. 이윤희 부소장은 "모의 경우 가공과 제조 과정에서 에너지 사용량이 커서 이런 결과가 나온 것으로 추정된다"며 "양은 반추동물이라 사육하는 단계에서 탄소배출량 비중이 크고, 양털은 기름기가 많아 섬유용으로 세척, 가공해야 하는데 그 과정에서 수율(전체 투입량에 대한 양품의 비율)도 70퍼센트 이하이고 에너지와 물 투입도 많다"고 했다.

두 번째로 많은 탄소를 배출한 품목은 신발이다. 서울에서 출발해 타이의 아라냐쁘라텟까지 갔던 신발의 경우, 불법 폐기 시 $14.69 kgCO_2\text{-}eq/ea$의 탄소를 발생시킨다는 수치가 나왔다. 테이크아웃 종이컵 595잔을 마시고 버릴 때의 탄소량과 같다. 이 부소장은 "다양한 플라스틱 기반 복합소재를 사용하는 운동화의 탄소발자국이 컸다"고 설명했다. 신발이 고무 등 무거운 소재로 만들어져 다른 옷보다 무겁다는 점도 원인으로 작용했다. 원피스 한 벌의 평균 중량은 280그램이었는데, 신발의 경우 800그램이었다.

이 밖에도 불법 폐기된 것을 기준으로 합성섬유가 많이 쓰인 티셔츠($8.33 kgCO_2\text{-}eq/ea$), 스포츠 의류($7.31 kgCO_2\text{-}eq/ea$), 바지($5.33 kgCO_2\text{-}eq/ea$) 등이 뒤를 이었다. 얇은 재킷($0.77 kgCO_2\text{-}eq/ea$), 패딩($3.21 kgCO_2\text{-}eq/ea$), 남방($3.34 kgCO_2\text{-}eq/ea$) 등은 상대적으로 탄소배출량이 적은 것으로 나타났다.

헌 옷이 버려진 뒤 재사용됐는지, 불법 폐기됐는지에 따라 탄소배출량에도 차이가 생겼다. 실험 대상 한 벌의 평균 탄소발자국은 폐기 전 단계까지 6.68kgCO$_2$-eq/ea이다. 불법 폐기를 하면 탄소배출량은 10.2퍼센트 증가(7.44kgCO$_2$-eq/ea)한다. 반면 재사용 때는 더 이상 탄소가 발생하지 않는다. 폐기 과정이 관리되면 상대적으로 탄소배출량이 줄어든다. "허가받은 시설에서 소각, 매립하면 그 전 단계 대비 탄소량이 2~3퍼센트밖에 증가하지 않아요. 그런데 이게 불법으로 폐기되면 10퍼센트까지 증가"한다고 이윤희 부소장은 설명했다.

불법 매립의 경우 매립시설에서 처리할 때에 견줘 온실가스 배출량이 최대 3배에 이를 수 있다는 연구가 있다. 불법 소각 시에도 혼합 폐플라스틱 등이 타면서 많은 탄소를 배출한다. 이 때문에 폐기 과정이 보다 잘 관리되는 국내에서 처리하는 게 개발도상국에서 처리하는 경우보다 탄소배출이 더 적다. 이윤희 부소장은 "국내에서는 무단으로 폐기돼 불법 매립, 소각되는 경우가 거의 없다. 그러면 탄소발자국이 적어지는 것"이라고 했다.

헌 옷이 수출되어 이동하는 과정에서도 탄소가 배출된다. 국내외 선박과 차량, 그리고 항공기 등을 이용한 수송 과정에서 연료 등 에너지를 활용하기 때문이다. 통상 전체 의류 온실가스 발생량의 1퍼센트 내외이지만, 매년 수십만 톤의 의류가 수출된다면 무시할 수 없는 수치다. 대전시의 한 의류 수거함에 넣은 스웨터의 경우 국내에서 수출업체를 거쳐 인천항으로 이동했고, 결국 인도의 파니파트에 도착했다. 이 수송 과정에 $0.15kgCO_2$-eq/ea가 발생됐다. 테이크아웃 종이컵 6개를 버릴 때와 같은 이산화탄소 배출량이다.

연구는 헌 옷 수거함에 넣은 옷이 수출되는 과정에서 상당한 이산화탄소를 배출한다고 결론 내렸다. 탄소발자국 계산을 의뢰한 150벌이 모두 수출돼 폐기된다고 가정하면, 총 $110kgCO_2$-eq의 이산화탄소를 배출하는 것으로 나타났다. 30년생 강원도 소나무 한 그루가 $8.1kgCO_2$-eq의 이산화탄소를 흡수하는데, 이 나무 13.6그루가 있어야 상쇄할 수 있는 수치다.

국내에서 이렇게 버려진 뒤 수출되는 옷들을 모두 더하면 어떻게 될까. 국내 연간 폐의류 수출량은 약 30만 톤이다. 연구 결과를 모든 수출 의류로 확대해보면 상당한 양의 온실가스가 배출된다. 만약 국내에서 수출되는 폐의류의 20퍼센트가 불법 폐기된다고 가정하면, 이로 인한 온실가스 배출량은 약 9만 $1000tCO_2$-eq에 이른다. 이는 소나무 1126만 9037그루가 있어야 흡수 가능한 이산화탄소 양이다. 한국인이 수출한 옷은 거대한 소나무 숲으로도 상쇄하기 힘들 정도의 양인 셈이다.

하지만 이윤희 부소장은 이런 측정 결과는 일부를 보여줄

뿐이라고 했다. 이번 실험으로 의류 소재당 상당한 탄소를 뿜어낸다는 걸 확인했지만, 문제의 심각성에 견줘 아직 밝혀진 점이 많지 않기 때문이다. "패스트패션 그리고 그 이후에 울트라 패스트패션까지 나오며 의류를 폐기하는 양이 늘고 속도도 같이 빨라졌어요. 이번 조사로 (옷이) 수출돼 불법 폐기되는 경우 추가로 어느 정도의 온실가스 배출이 일어나는지를 알 수 있었어요. 그런데 이 작업(연구)을 하다 보니 (이 문제에 대한) 사전 연구가 너무 부족했어요. 패션산업의 온실가스 문제는 계속 제기되는데, 그에 비해 실태 파악이 전혀 안 되고 있는 거죠."＊

＊ 온실가스와 이산화탄소
온실가스에는 이산화탄소, 메탄, 이산화질소, 수소불화탄소, 과불화탄소 등이 있다. 1997년 채택된 교토의정서가 삭감 대상으로 지정한 탄소들이다. 온실가스 중 80퍼센트가 이산화탄소다. 이 때문에 일반적으로 이산화탄소는 온실가스를 통칭하는 개념으로도 쓰이고 있다.

환상과 죄책감 사이에서

■ 손고운

"내 옷장은 나의 꿈, 내 옷장은 환상, 내 옷장은 나의 사랑, 너."

가수 수민의 노래 〈옷장〉에 나오는 가사다. 이 가사가 좋아 출근길에 곧잘 즐겨 듣곤 했다. 일상에서 나는 정말 옷을 통해 꿈을 꾸고, 환상을 만족시키고, 사랑을 느끼곤 했으므로.

예를 들면 이런 식이다. 한국 사회엔 '아이 엄마의 옷' 같은 사회적 기대가 있다고 생각해, 여름이면 일부러 시원하게 파인 브이넥 옷을 사 입었다. 그 옷들이 예뻐서 사는 것도 맞지만, 한편으론 아이 엄마가 정숙한 옷차림으로 다니길 기대하는 유교 문화권의 압박에 시비를 걸고 싶은 꿈도 있었다.

어린 시절 본 '환상'을 잊지 못하고 옷을 사기도 했다. 영화 〈바람과 함께 사라지다〉 속 스칼렛 오하라는 남북전쟁이 끝나고 집안이 몰락하자 창문에 달린 초록색 벨벳 커튼을 뜯어 드레스를 만들어 입고, 강인하고도 애처롭게 삶을 이어나간다. 성인이 된 나는 스칼렛 오하라를 따라 초록색 원피스를 사 입었다. 배우가 환상을 팔고 소비자는 그 환상을 사는 것일 뿐이라 해도, 어쩌랴, 재밌는 것을. 초록색 옷을 입으면 나 역시 어떤 역경이 닥쳐도 다 헤쳐나갈 수 있는 갑옷을 입은 것 같은 기분을 느끼기도 했다.

무엇보다 중요한 건 '사랑'이다. 어느덧 70대가 된 엄마가 40대 때 입던 실크 블라우스를 입고 출근할 때나, 아빠가 엄마와 TV홈쇼핑을 보다 주문해 보내준 가죽 로퍼를 신어볼

때면 부모님이 다 큰 딸을 여전히 지켜주는 것만 같아 마음이 포근해지곤 했다.

그러니 나는 한 부서에서 박준용 선배의 '의류 쓰레기 추적기'를 지켜보면서 스스로에게 이런 질문을 던져야 했다. '이렇게나 개인적인 꿈, 환상, 사랑… 이런 것들도 죄가 되나?'

박준용 선배가 한국에서 '재활용함'에 '기부된다'는 의류들에 스마트태그와 GPS 추적기를 단 무렵은, 애써 유튜브 알고리즘이 추천하는 의류 쓰레기 영상을 차마 제대로 보지 못하고 재생했다가 꺼버리길 반복하던 때였다.

나는 그 결과가 어떻게 될지를 누구보다 궁금해하면서도, 마음속에서 끊임없이 솟아나는 방어적인 생각들과 싸워야 했다. 적절한 반론을 생각해내야만 의류업계의 과잉생산, 사람들의 고삐 풀린 듯한 소비, 제3세계에 당도하는 의류 쓰레기들을 외면하고 내 쇼핑을 합리화할 수 있기 때문이다. 그래서 머릿속으로 떠올린 반론은 대략 이런 것들이었다.

첫째, 언론사가 여러 악영향이 있음에도 인쇄소를 돌리고 막대한 전력을 사용해 온라인 기사들을 내보내는 것처럼, 의류업계도 환경에 악영향을 끼치긴 하지만 그들에게 주어진 일을 하고 있는 것뿐이다. 옷의 수요를 파악하고, 옷을 디자인하고, 생산하고, 연예인을 통해 대중에게 환상을 심어

주고, 온·오프라인 매장에서 소비자에게 쇼핑의 기쁨을 주는 일. 의류업에 종사하는 사람들은 매 단계에서 자신들이 가장 잘할 수 있고 즐거워하는 일을 하면서 돈을 벌고 자아실현을 한다. 이런 업계를 쉽게 비판해도 될까.

게다가 그 일련의 과정을 더 윤리적으로 만드는 건 말처럼 쉬운 일이 아니다. 정부가 국내 의류 기업들의 과잉생산을 규제하고, 의류 쓰레기에 대한 생산자책임재활용제도를 정교하게 만드는 방법이 있으나 규제를 당하는 기업 입장에선 상황이 만만치 않다. 중국산 저가 옷들은 시장에 밀려들고 있고, 해외 패스트패션 브랜드들은 빠르고 값싸게 아름다운 옷들을 생산해낸다. 한국의 의류 기업들이 모두 다 옷을 더 친환경적이면서도 견고하게 만들고, 대신 옷을 비싸게 파는 '파타고니아' 같은 브랜드가 되는 길도 쉽지 않아 보인다.

둘째, 자라나 유니클로, H&M 등 패스트패션 브랜드들은 어떤 면에선 '패션의 민주화'를 이룬 기업들이 아닐까? 인류 역사에서 오랜 세월 동안 아름다운 옷은 귀족과 상류층의 전유물이었다. 이 브랜드들은 대중에게도 저렴하게 아름다움을 향유할 권리를 선물해줬다. 해마다 전 세계에서 가장 재능 있는 디자이너들이 명품 브랜드를 통해 선보인 디자인을, 이 패스트패션 브랜드들은 빠르게 대중화해 값싸게 시장에 내놓았으니 말이다.

나도 그 덕을 봤다. 남편과 결혼할 때 한 패스트패션 브랜드에서 5만 원짜리 자주색 원피스를 사 입고 사진을 찍으며 스튜디오 촬영을 대체했다. 그 원피스의 디자인은 유명 명품 브랜드에서 모티프를 얻은 것으로 추정되는데, 디테일의 차이는 크지만 원본이라 할 수 있는 브랜드의 원피스 가격은 수백만 원에 달했다. 그러니 돈 없이도 아름다운 웨딩 촬영을 할 수 있게 도와준 패스트패션 브랜드에 어찌 감사함을 느끼지 않겠나.

셋째, 이 반론이 가장 중요하다. 어쨌든 마침내 정부가 과잉생산을 막기 위해 지금보다 엄격하게 의류 기업을 단속하고, 소비자는 비윤리적 기업의 제품을 소비하지 않게 된다면? 그로 인해 생산량이 줄어든 기업이 노동자들을 해고하게 된다면? 그때야말로 제3세계에서 옷을 만드는 노동자들이 가장 큰 피해를 입는 게 아닌가. 선의가 늘 좋은 결과를 낳는 건 아니니까.

"공장을 닫아버리는 게 낫다고 생각해요."

박준용 기자와 조윤상 피디가 만든 다큐멘터리 〈우리가 수거함에 버린 옷은 어디로?〉에 나오는 말이다. 인도 파니파트시 심라구지란 마을에 사는 의사 비카스는 왼쪽 몸이 마비된 노인, 가려움증으로 몸 곳곳에 상처가 난 아이 앞에서 이 말을 했다. 심라구지란 마을 인근 하천에는 농도 짙은 폐수가 흘렀다. 그 물은 '헌 옷의 수도' 파니파트에 있는, 연간 10만 톤의 섬유를 재활용하는 표백·염색 공장에서 흘러나오는 것이라 했다. 사람들은 물 때문에 병들어가고 있었다.

의사 비카스는 특히 이 점을 지적했다. 노동자들의 삶이 존속될 수 없다면 임금도 의미가 없다고. 영상 재생을 잠시 멈춘 채 생각했다. 몸 한쪽이 마비된 채 침대에 누워 있는 노인, 잠자리에 누우면 온몸이 가려워 괴로워하는 아이 앞에서도 나는 감히 이 반론들을 입 밖에 내놓을 수 있을까.

취재 과정에서 만난 김현욱 서울시립대 환경공학부 교수는 의류를 과잉생산하고, 과잉소비하고, 쓰레기가 나오면 제3세계로 보내버리는 지금의 상황과 관련해 "차라리 의류 쓰레기들을 한국에서 소각하라"고 말했다. 이 말의 뜻은 '옷을 많이 생산하고, 마음껏 소비하고, 쓰레기가 나오면 그냥 태워버리자'는 게 아니다. 지금처럼 우리가 옷을 마음껏 소비한 뒤 재활용함에 넣고 '기부했다'는 도덕적 안도감을 느끼며 가난한 국가에 떠넘기느니, 차라리 한국 내에서 의류 쓰레기를 처리하자는 뜻이다. 환경공학 기술이 인도보다 앞서 있는 한국에서 의류 쓰레기를 소각하는 것이 지금의 방식보단 친환경적이기 때문이다.

의류의 화학적 재활용이 상용화되지 못한 현 단계에서는,

패스트패션 브랜드들이 '의류 재활용함'이나 '재활용 소재 옷' 등을 통해 친환경적인 기업 이미지를 홍보하는 것이 '그린워싱'에 불과할 수밖에 없다. 기업들이 친환경 소재 개발이나 시스템 마련을 위해 연구개발을 지속하는 건 박수받을 만한 일이나, 소비자가 '선한 일을 하고 있다'는 안도감 속에 마음껏 옷을 쇼핑하고 버려도 될 정도의 상황은 아니기 때문이다.

책 《재앙의 지리학》을 쓴 로리 파슨스는 선진국이 자국민이 소비할 생산품을 국경 밖에서 생산하고, 그 쓰레기 처리마저 가난한 나라들로 외주화하는 상황, 그리고 그렇게 함으로써 "우리는 탄소배출량을 줄였다"라고 선언하는 행태를 '탄소 식민주의'라고 꼬집는다.

'탄소 식민주의'라는 추상적인 단어가 잘 와닿지 않는다면, 환경운동가 아사드 레만의 비유도 피해자들의 고통을 이해하는 데 도움이 될 것이다.

파키스탄계 영국인인 아사드 레만은 제26차 유엔기후변화협약 당사국총회(COP26)가 열릴 때 10만여 명의 시위대 맨 앞에 섰던 행동가인데, 2022년 기후정의행진을 위해 한국을 찾았었다. 당시 그는 〈한겨레21〉과의 인터뷰에서 '탄소 식민주의'를 침몰하는 배 타이타닉호에 비유했다. 인류가 기후변화라는 빙하를 만나 궁극적으로 다 함께 위협받게 된 건 사실이나, 선박의 가장 위 칸에 자리 잡은 선진국들의 상황과 맨 아래 칸에 자리 잡은 가난한 나라들의 상황은 엄연히 다르다는 것이다. 선진국들은 연주를 들으며 여유롭게 '2050년 목표' 따위를 논할 수 있지만, 맨 아래 칸의 가난한 국가들의 발목엔 이미 물이 차올랐다고 말이다.

파키스탄에선 홍수가 났을 때 국토 3분의 1이 물에 잠겼다. 도미니카는 단 한 번의 폭풍으로 건물·도로·학교·병원 등 10년간 개발한 인프라를 잃었다. 국제사회로부터 일부 인도적 지원을 받는다 해도 부족한 복구비의 대부분은 대출을 받는데, 이 과정에서 국가의 빚은 커지고 긴축재정을 하면서 병원·학교 등 공공서비스는 악화된다. 구조적 불평등이다.

그래서 그는 '북극곰을 살리자'는 식의 기후위기 캠페인을 비판적으로 반추한다. 동물권도 중요하지만 가난한 나라의 사람들은 이미 무관심 속에 죽어가고 있으므로, 기후위기를 '북극곰 문제'로 치환하면 선진국들이 마땅히 직시해야 할 불편함, 위기감, 죄책감이 희석된다는 지적이다.

기술 낙관주의를 믿고 싶은 충동을 자주 느낀다. 과학기술 발전이 인류가 직면한 기후위기를 해결할 것이라는 전망은 얼마나 달콤한가. 특히 인간의 지능보다 뛰어난 인공지능의 출현이 기후위기를 해결해주고야 말 거란 기대감이 팽배한 때다.

그러나 아직은 그런 기술이 개발되지 않았고, 그렇다면 우리는 다른 이들의 고통, 곧 모두에게 닥쳐올 고통을 앞에 두고 눈감고 있을 수만은 없다.

소비자인 우리 개인은 무엇을 할 수 있을까? 원래는 옷 대여섯 벌을 사던 자라 세일 기간에 이제는 한 벌만 산다는 것으로 안도해도 될까?

마침 2025년 9월 27일 자 〈뉴욕타임스〉의 한 뉴스레터에 비슷한 고민을 하는 소비자의 질문과 윤리학자의 답변이 실렸다. 뉴욕대에서 철학을 가르치고 있는 콰메 앤서니 애피아는 "(의류 기업의) 착취적인 공장이 걱정된다. 구매 습관을 바꿔야 할까?"라고 묻는 소비자의 질문에 이렇게 답했다. "유엔의 '기업과 인권 이행 지침'은 기업이 인권 존중, 공급망 내 인권침해 해결에 책임이 있다고 명시한다. 현재 많은 기업이 이런 정책을 채택하고 공급업체에 대한 기준을 설정했지만, 모니터링은 여전히 불균등하고 인권침해는 지속되고 있다. (…) 약속이 지켜지는지 여부는 또 다른 문제지만 기업은 일단 공약을 내걸었으면 이행 실패 시 최소한 공개적 비난을 감수하게 된다."

뒤이어 이렇게 지적한다. "아시다시피 큰 난관은, 구매를 거부하면 우리 자신의 공모를 피할 순 있지만 동시에 다른 이들의 생계를 박탈할 수 있다는 점이다. (예를 들면) 방글라데시의 기성복 산업은 악명 높지만 동시에 그 나라의 극심한 빈곤을 급격히 줄이는 데 도움이 되어왔다." 따라서 조금은 진부하고 힘 빠지는 결론일지 모르지만 그는 "착취에 대한 반대와 동시에, 이 산업이 생존과 성장의 엔진이기도 했다는 인식 사이에서 균형"을 잡아야 한다고 말한다. 기업의 중요성을 인정하면서도 불편한 진실을 간과하지 않고, 그 기업을 더 높은 수준으로 끌어올려야 한다는 의미다.

우리에게 그런 힘이 있을까. 시민들이 기업이 더 높은 기준을 준수하도록 압박하는 수단이 하나 있다. '입법부'다. 국회의 일부 의원들은 이미 기업에 의류 쓰레기에 대한 책임을 묻고, 정부가 의류 쓰레기 처리와 관련한 시스템을 마련하도록 하는 의안을 내놓은 바 있다. 그러나 그 내용은 아직 국회 환경노동위원회에서 제대로 논의된 적조차 없다. 해결책을 찾기 위한 움직임은 있었지만, 유권자들이 이를 압박하지도, 감시하지도 않기 때문에 논의가 더딘 것이다.

그래서 시민과 언론은 입법부에 주목해야 한다. 목소리를 내고 요구해야 한다. 요구하지 않으면 잊혀지고, 잊혀지면 언젠간 침몰한 배의 맨 위 칸에도 물이 차오를지 모른다.

2부

한국 옷은 인도에서 모두 재활용되고 있을까

헌 옷의 이동 경로를 파악하기 위해 추적기를 달아 수거함에 넣은 지 3개월이 지났다. 추적기를 달고 국외로 간 헌 옷들은 어떤 지역에서 어떤 모습을 하고 있을까. 재활용됐을까, 소각됐을까, 매립됐을까.

추적기에 뜬 좌표를 보고 구글 위성지도를 찾아 위치를 확인했지만, 현재 상태를 정확히 알기는 어려웠다. 구글이 제공하는 스트리트뷰를 확인해도 마찬가지였다.

그래서 옷이 이동한 국가에 직접 가보기로 했다. 추적기의 위치 데이터를 확인하면서 추적기의 이동 경로를 하나하나 밟아나가는 일이다. 우리가 옷을 추적하다 주목한 곳은 '헌 옷의 수도'라고 불리는 인도의 파니파트시다.

파니파트는 섬유로 재활용하는 산업이 발달한 곳으로 세계에서 하루 250톤의 옷이 들어온다. 추적기를 달아서 보낸 옷 9벌도 이곳을 거쳤거나 도착해 있었다. 이는 우리가 보낸 옷 153벌 중 단일 도시로는 가장 높은 비중이었다. 이 도시에서 헌 옷은 제대로 재활용되고 있는 걸까? 눈으로 확인해 보기로 했다.

먼저 추적기 달기 작업을 시작하고 3개월 뒤인 2024년 10월 초부터 파니파트 현지 상황을 알아보기 시작했다. 한국에서 보낸 니트가 이 도시로 모이는 것을 보면서부터다. 국내 웹사이트 검색으로는 제대로 된 정보를 찾기 힘들었다. 현지 언론과 유럽 연구자들의 보고서 등을 통해서 상황을 가늠할 수밖에 없었다.

다행히 한국에서 현지 통역과 코디네이터를 맡을 팀을 구했다. 출국 전에는 걱정스러운 마음이 컸다. 한 번도 가보지 않은 인도에서, 사전에 미리 섭외되지 않은 도시와 사람들을 만나러 가는 일이었다. 현지 통역사의 도움으로 우리가 인도로 가기 전 현지 상황은 어느 정도 알 수 있었지만, 한국에서 모든 동선을 정해두고 가긴 어려웠다. 결국 그곳에 가서 부딪쳐봐야 해결될 일이었다. 해외 웹사이트에 나온 파니파트 자료를 보면서 긴장되는 마음으로 인도로 향했다.

10월 말의 인도는 건조하고 무더웠다. 뉴델리에서 하룻밤을 묵고 이튿날 아침 일찍 파니파트로 향했다. 자욱한 먼지를 뚫고 뉴델리에서 2시간 정도 달리자, 높이 2미터도 훌쩍 넘는 헌 옷 더미를 싣고 달리는 차들을 만날 수 있었다. '헌 옷의 수도'에 온 것이다.

추적기가 보내오는 신호는 파니파트의 수입업체와 재활용업체에 있었다. 사장은 우리가 보낸 옷을 찾을 수 있게 허락해줬다. 우리는 수십 톤의 옷 더미를 뒤적여봤으나, 쉽게 한국에서 보낸 니트의 행방을 알 수 없었다. 헌 옷에 달린 추적기에는 가까이 가면 소리를 내도록 하는 기능이 있었지만 더위 때문인지 장치가 제대로 작동하지 않았다. 그저 수십 톤의 옷 더미 속에 있다는 위치 신호만 보낼 뿐이었다.

추적기로 한국 옷의 종착역을 찾는 데는 한계가 있었다. 그러나 그 경로는 추적기를 따라가서 만난 수입업체와 재활용업체 사람들이 알고 있을 것이다. 이들은 친절하게 한국 옷의 수입 과정을 설명해줬다. 하지만 재활용 과정에서 버려지는 옷의 행방을 두고는 "잘 모른다"거나 "모두 재활용된다"고만 이야기했다.

옷의 행방에 대해 의문을 품고 파니파트 시내를 돌아보던 차에, 한 공터에서 우리는 급히 차를 세웠다. 그곳에는 한국 헌 옷의 종착역을 알 수 있는 상황이 펼쳐지고 있었다.

한국에서 버린 옷, 인도에서 불타다

두껍고 검은 연기 띠가 구름처럼 솟아올랐다. 2024년 10월 25일 오후 5시 30분께, 인도 파니파트시 도심 바르사트로드 인근 하늘은 햇빛이 아직 남아 있는데도 연기로 뒤덮여 잔뜩 어두워지고 있었다. 이 검은 연기의 진원지는 트럭들이 곳곳에 주차된 300제곱미터가량 크기의 공터다. 이 공터 안에 있는 구덩이 주변에서 옷 더미가 불타고 있었다. 어림잡아 200킬로그램은 넘어 보이는 옷의 무덤이었다. 불은 30분 넘게 타오르다가 트럭에서 나온 기사의 손에 진화됐다.

파니파트는 인도 수도 뉴델리에서 북쪽으로 90킬로미터가량 떨어진 인구 60만 명 규모의 산업도시다. 연간 10만 톤의 옷이 세계에서 수입돼 재활용되는 곳으로 유명하다. 그래서 '헌 옷의 수도'라 불린다.

그러나 우리가 이 도시의 한 공터에서 마주한 옷들의 더미는 전혀 재활용될 가능성이 없어 보였다. 공터에는 마치 쓰레기 소각장처럼 타다 남은 옷들의 재와 바닥에 쓸려 넝

인도 파니파트 도심 바르사트 인근 주차장에서
세계 각국에서 온 옷들이 태워지고 있다.

마가 된 옷들이 어지러이 널려 있었다. 구덩이에 묻혀서 흙먼지를 뒤집어쓰거나 묻힌 지 오래돼 흙과 함께 바위처럼 단단히 굳은 옷 더미도 있었다. 모두 브랜드나 생산처를 식별하기 어려울 정도로 해진 상태였다. 깊이 4미터 정도로 파인 구덩이에서는 여덟 마리의 소가 옷 부스러기를 씹어 먹고 있었다. 주인이 없는 개는 옷 더미를 쉼터 삼아 몸을 동그랗게 만 채 누워 있었다. 그러니까 '헌 옷의 수도'는 옷들의 장례식장이기도 했다. 세계적인 의류 재활용의 도시에서 옷들은 온전히 재활용되지 않고 있었다.

"이런 식의 공터가 이 도시에는 17개 정도 있어요." 헌 의류를 재활용 공장이나 가게에서 받아 와서 이곳 공터에 버리는 일을 하는 64살의 트럭 기사 라즈벨이 말했다. 헌 옷을 수입하는 업자, 헌 옷을 재활용하는 공장들이 남은 옷을 가져다 놓고 있다. 파니파트 사람들은 이곳을 '덤프야드(Dumpyard)'라고 부른다. '쓰레기 버리는 곳'이라는 뜻이어서, 정확한 명칭이다. 하지만 공식적으로는 쓰레기 매립지나 소각장이 아니다. 지도상에는 주차장이라고 적혀 있다.

"(여기 버려지는 옷들은) 쓰이지 않거나 팔리지 않은 옷들이에요. 누군가 가져가는 경우도 있지만, 대부분 태워요. 이곳은 쓰레기 매립지가 아니기 때문에 시 당국이 이곳을 더럽게 만드는 것을 감시하거든요. 시 정부가 옷을 버리는 사람을 찾을 수도 있기 때문에 밤에 몰래 버리고 태워버리는 거죠." 라즈벨이 계속 말했다. "공장에서 옷을 소각하면서 에너지원으로 활용하기도 하고, 이곳 주민들이 겨울에 옷들을 땔감으로 쓰기도 합니다."

덤프야드에서는 한국에서 온 헌 옷도 소각되고 있는 것으로 확인됐다. 우리는 타고 남은 옷에서 의류에 달려 있던 태그를 찾았다. 메이드 인 코리아(Made in Korea) 표식이 선명했고, 한글로 '소비자 상담실 서울 강남구 청담동'이라는 표기와 함께 한국 패션 대기업 이름이 적혀 있었다.

'헌 옷의 수도'에 한국에서 버려진 옷들이 수입돼 온다는 사실은 추적기를 통해서도 확인된다. 11개 옷이 인도에서 발견됐고, 11개 가운데 9개가 파니파트에서 발견됐다. 인도로 수출되는 헌 옷 대부분이 파니파트로 향한다는 사실이 추적기를 통해 확인된 것이다. 한국무역협회 통계를 보면, 인도는 2023년 수출 중량 기준으로 한국이 가장 많은 헌 옷을 수출하는 나라(8만 422톤)다. 전체 헌 옷 수출 중량의 27퍼센트에 해당하는 규모다.

파니파트로 간 한국의 헌 옷 9벌은 카디건 1벌을 제외하고는 모두 스웨터였다. 아크릴, 모, 레이온, 폴리에스터, 나일론 등이 소재다. 소각된다면 탄소와 유해 물질이 배출된다. 옷들은 대체로 국내 헌 옷 수출업체로 향했다가 선박으

인도 중고의류 업체에서 찾은 메이드 인 코리아 표식이 있는 스웨터.

로 인천항을 떠난 뒤 인도 서부를 지나 북부에 있는 파니파트로 향했다.

2024년 8월 9일 서울 송파구 풍납동의 의류 수거함에 버린 베이지색 스웨터의 이동 경로를 보자. 이 스웨터는 중국 저가 플랫폼에서 구매한 브랜드가 없는 옷이다. 의류 수거함에 투입한 지 한 달도 채 되지 않아, 경기도 하남시의 한 창고(수출업체로 추정)로 이동했다. 이후 인천항으로 이동했다가 말레이시아 셀랑고르주의 클랑항에서 2024년 10월 한 달가량 머물렀다. 그리고 11월이 되자 인도의 파니파트로 이동했다. 이 베이지색 스웨터는 '덤프야드'와 직선거리로 1킬로미터도 되지 않는 곳에서 2024년 11월 26일 현재까지 신호를 보내고 있다. 추적기의 위치 오차가 1킬로미터 안팎인 것을 고려하면, 현재 덤프야드에 적재돼 있을 가능성도 적지 않다. 파니파트로 간 또 다른 2개의 스웨터도 덤프야드와 각각 3킬로미터 정도 거리에서 신호를 보내고 있다.

배우 박진희 씨가 보낸 카디건도 마찬가지로 덤프야드에서 최후를 맞이했을 수 있다. 2024년 8월 서울 마포구 공덕동에서 출발해 한 달 만에 경기도 고양시와 포천시를 거치더니, 6개월 만에 파니파트의 덤프야드가 있는 바르사트로드 인근에서 신호를 보내왔다.

옷들이 버려지지 않고 인근 중고 시장이나 공장으로 갔다면 그나마 다행이지만, 일정 기간 동안 판매되거나 재활용되지 않는다면 역시 덤프야드로 보내질 수 있다. 인근 공장과 거래상들은 지속해서 덤프야드에 버릴 옷들을 보내고 있다.

아시아 최대 섬유 재활용 허브로 불리는 이 도시에는 한국을 포함한 중국, 일본, 미국, 유럽 등지에서 하루 250톤 이상의 헌 옷이 수입돼 밀려들어온다. 원칙적으로는 소각이 아니라 재활용이 목적인 헌 옷들이다. 그러므로 옷들은 한국의 수출업자로부터 파니파트의 수입업자가 킬로그램당 몇십 원 가격으로 직접 사들이거나, 중간상인을 거쳐서 이곳에 온다. 이곳에 온 옷들은 일부 판매되고, 대부분 재활용 공장으로 이동한다. 파니파트 도심에서 한국 옷을 수입해 재판매하거나 재활용 공장에 넘기는 일을 하는 24살 디판쉬가 한국에서 온 옷 더미를 가리키며 이렇게 설명했다. "한국에서 수출된 옷은 인도 서부 구자라트 항구를 통해서 인도에 들어오고, 화물열차에 실려서 이곳에 와요. 두 달 내지 석 달이 걸리는데, 계절마다 수입하는 게 달라요. 11월부터 2월까지는 재킷과 니트, 여름이 되면 티셔츠가 많죠. 다른 도시 중고 상인이 여기서 옷을 사 가기도 하고, 남은 옷은 재활용 공장에 팔기도 해요."

디판쉬처럼 한국과 교역하는 파니파트의 수입업자가 최소 수백 명은 된다. 유튜브나 인스타그램에 한국 의류를 판

인도 파니파트 도심.

다고 홍보하는 이도 있다. 헌 옷은 80킬로그램 규모의 큰 묶음으로 거래되는데, 한 벌당 가격을 매기는 게 불가능할 정도로 헐값에 팔린다. 수입되는 옷들은 세 등급(A~C)으로 나뉘는데, 그나마 한국 옷들은 중고 상인이나 재활용업자에게 판매할 때 80킬로그램 한 묶음에 20달러(2만 8000원) 수준을 받을 수 있는 A등급이라고 했다. 디판쉬는 "한국의 수출업체로부터 산 옷을 싸게는 킬로그램당 5루피(83원), 비싼 것들이라도 킬로그램당 20루피(334원)에 지역 구제 소매상이나 재활용 공장에 판다"고 말했다.

일부 소매상에 판매되고 남은 옷들은 재활용 공장으로 향한다. 재활용 공장에서는 헌 옷이 '원자재' 형태로 돌아가는 과정이 시작된다. 재활용 공장에서는 헌 옷들을 색깔별로 분류한 뒤, 날카로운 기계에 넣어 잘게 쪼갠다. 이렇게 조각난 옷을 화학약품으로 물을 빼 하얗게 만든다. 하얀색이어야 재생산 제품에 다른 색깔을 입힐 수 있기 때문이다. 잘게 잘리고 표백된 옷들은 실을 뽑아내는 공장으로 이동해 원사(직물의 원료가 되는 실)가 된다.

2024년 10월 24일 찾은 라케시 굽타가 운영하는 재활용 공장에서는 이 잘게 쪼개진 헌 옷들을 받아 와 원사 형태로 뽑아내는 작업을 하고 있었다. 굽타의 공장에서는 '트레드밀'이라고 불리는 전동식 기계와 사람이 돌리는 쳇바퀴와

인도의 한 커튼 공장에서 뽑아낸 원사로 커튼을 만들고 있다.

같은 휠을 함께 쓰면서 헌 옷을 원사로 만들고 있었다. 이 원사가 카펫과 커튼, 침대 시트로 제작된다. 물론 이 제품들은 헌 옷의 재질보다 질이 좋지 않고, 다시 재활용하기도 어렵다. 수명이 다하면 매립되거나 소각된다. 이를 '다운사이클링(Downcycling, 사용하지 않는 물건을 원재료보다 낮은 품질의 물건으로 바꾸는 것)'이라고 부른다. 한국에서 보낸 옷은 소각되지 않을 경우 이 '다운사이클링' 과정을 거친다.

실제 한국에서 보낸 옷이 다운사이클링 과정을 거치는 장면도 포착됐다. 2024년 2월(대부분의 의류는 7~8월에 작업했으나, 옷 2벌과 모자 1개는 2월에 미리 보냈음) 서울 구로구에 있는 의류 수거함에 버린 옷은 경기도 광주시의 한 창고로 옮겨졌다가, 4개월 만인 6월께 파니파트 북서부로 이동했다. 애초 구글 지도에서 이 옷에 달린 추적기가 가리킨 위치는 휘발유 관련 공장으로 표기됐다. 하지만 우리가 2024년 10월 24일 오전 해당 장소에 찾아가보니, 휘발유 관련 공장 대신 330제곱미터(약 100평)가 넘는 대형 헌 옷 창고가 자리하고 있었다. 이 창고의 주인인 36살 가우라브 가르그는 한국의 옷을 수입해서 재활용 공장에 넘기는 중간 수입업자 일을 한다고 했다. 창고에는 한국 옷들이 꽤 쌓여 있었는데, 노동자들이 모여 색깔별로 분류하는 작업을 하고 있었다. "(한국 옷을) 원사로 만드는 공장에 판매하는 거죠. 이 옷들이 다 실을 뽑는 기계로 가는 거예요." 가르그가 말했다.

파니파트의 헌 옷 재활용은 1990년대부터 이 도시를 이끄는 산업으로 부상했다. 현재는 연간 3억 달러(3424억 원) 상당의 재활용 제품을 생산한다. 이 산업과 관련해 일하는 사람의 수는 많게는 7만 명 정도로 추산된다. 굽타는 1982년 이 사업을 시작했는데, 세계 의류 생산이 증가하면서 파니파트의 재활용 산업도 함께 성장했다고 설명했다. "1980년대만 해도 이 도시는 50퍼센트 사람들이 농업을 했는데, 헌 옷 재활용 산업이 커지면서 많은 사람이 섬유산업에 종사하게 됐어요. 사업 초기에는 우리 가족이 공장 하나에서 시작했는데, 지금은 공장 5개를 세울 정도로 산업이 발전했습니다."

하지만 최근 파니파트의 헌 옷 재활용 산업은 침체 상태다. 가장 큰 이유는 국제 선적 비용이 비싸졌기 때문이다. 수입업자 가르그는 "국제 선적 비용이 증가하면서, 한국을 비롯한 다른 나라들에서 헌 옷을 들여오는 비용이 비싸지고 있다"며 "그렇다고 해서 인도에서 헌 옷을 비싸게 팔면 상인과 소비자들은 살 여력이 없다"고 말했다. 헌 옷을 가져와서 팔거나 재활용해 팔아봤자 남는 게 별로 없다는 얘기다.

합성섬유로 만들어진 헌 옷을 다시 원사로 만들어 재활용하는 산업의 상업적 가치가 낮아지고 있기도 하다. 글로벌 기업들이 저가에 다량으로 섬유를 생산하고 있기 때문이다.

2023년 상반기에 파니파트에서 헌 옷을 모아 생산하는 원사의 양이 2022년에 견줘 절반으로 줄었다는 지역 언론 보도도 있다. 파니파트에서 이뤄지는 의류 소각 역시 이런 이유로 발생하는 재활용 제품의 수출 침체와 맞물려 있는 것으로 보인다. 물량을 처리하기 어려워졌거나 폐업을 앞둔 업체들이 수입한 옷을 매립지에 방치하거나 소각하는 것이다.

그런 와중에 30여 년간 '헌 옷의 수도'로 기능하며 재활용 산업을 해온 파니파트는 수질과 대기 오염이 심각해지면서 주민들의 건강을 크게 위협하고 있다. 우선 공기질은 나빠질 대로 나빠진 상태다. 섬유를 소각로에 넣어 연료로 쓰거나 덤프야드 등에서 태우면서 발생한 오염 탓이다. 파니파트의 현재 초미세먼지(PM-2.5) 농도는 세계보건기구(WHO)에서 권장하는 24시간 평균 노출 한계인 $15\mu g/m^3$보다 10배 이상($151~220\mu g/m^3$) 높다. 파니파트는 2021년 발간된 세계보건기구의 대기질 생명지수 보고서에서 전 세계적으로 대기오염이 심한 690개 지역 중 60위로 꼽히기도 했다.

수질도 크게 나빠졌다. 지역 언론 보도를 보면, 파니파트에는 400여 개의 등록된 섬유·표백 공장이 운영되고 있다. 독성 화학물질이 포함된 폐수가 약 88개 지점에서 도시 인근의 야무나강으로 흘러들어 수질을 악화시킨다. 이로 인해 일부 지역에서 도시의 지하수가 질산염과 불소, 중금속으로 오염되기도 했고, 식수까지 오염됐다. 파니파트 산업단지 인근의 아산 쿠르드 마을 가구 91.32퍼센트, 쿠크라나 마을의 가구 97.8퍼센트가 오염으로 인해 식수를 섭취하기 어렵다는 답변을 했다고 한다.

오염도는 날이 갈수록 높아지고 있다. 인도 정부가 측정하는 종합 환경오염지수(CEPI)에서 파니파트의 오염지수는 2009년 71.91에서 2013년 81.27, 2018년 83.54로 상승했다. 70이 넘으면 가장 심각한 상태인 '중대한 오염' 수준인데, 거기에서도 점점 더 오염도가 높아지고 있는 것이다.

결국 '헌 옷의 수도' 파니파트는 헌 옷으로 인해 망가지고 있다. "패션업은 성장하고 있고, 우리가 쓸 담요를 생산하고, 일자리를 창출하긴 해요. 그런데 그건 우리 건강과 바꾸게 되는 거죠. 사람들이 아파요." 파니파트 지역 활동가인 49살 우메이 타야기가 말했다.

주정부는 도시가 오염으로 엉망이 되는 과정을 제어하지 못하고 있다. 주정부가 공장의 불법 소각과 폐수 방류를 금지하지만, 단속은 잘 이뤄지지 않는다. 덤프야드에서 만난 트럭 기사 라즈벨도 "사람들은 소각이 불법이라는 걸 알고 있다"고 말했지만, 우리는 덤프야드를 방문한 3일 동안 한 번은 방금 소각이 끝난 흔적을 찾았고, 두 번은 소각이 진행 중인 현장을 확인했다. 불법 행위가 매일 버젓이 자행되고 있었다.

인도 덤프야드의 밤.

파니파트에 머무른 4일 내내 무언가를 태우는 매캐한 냄새가 덤프야드 주변에서 사라지지 않았다. 막대한 헌 옷이 도시로 밀려드는 한 멈추기 어려울 불길이다. 그곳으로 우리가 매일 옷을, 그리고 쓰레기를 버린다.

파니파트 헌 옷 재활용 산업이 품고 있는 아픔

파니파트의 지역 활동가인 타야기는 한국에서 인도로 수출된 옷이 재활용되는 과정은 주민을 병들게 하고 마을을 황폐화한다고 했다. "그래도 의류가 오래도록 쓰이게 만드는 것이니 재활용은 좋은 것이 아닌가"라는 일반적인 인식을 깨는 말이었다.

실제로 주민 건강에 심각한 영향을 주고 있다는 점은 인도 자체 조사에서도 보고되고 있다. 하리아나주(파니파트의 소속 주)의 2022년 보고서를 보면, 도시의 섬유산업에서 발생한 대기와 수질 오염의 급격한 심화로 마을 주민 사이에 최소 35건의 심장마비가 발생했다. 지역에서 폐질환을 앓는 환자도 급증하고 있다. 파니파트의 주요 산업단지에서 반경 5킬로미터 이내에 있는 주택을 대상으로 한 1차 조사 결과, 가구의 약 93퍼센트가 지난 5년 동안 건강 문제를 겪은 적이 있는 것으로 나타났다.

우리는 당초 간이 수질 측정기 등을 통해서 헌 옷으로 인한 파니파트의 환경오염 수준을 측정하는 것을 생각했으나, 나아가 오염으로 인해 실제로 아픈 이들도 만나보기로 했다. 타야기를 비롯한 현지 활동가들의 소개로 '재활용으로 인해 삶이 무너진 사람들'을 만나러 파니파트 인근의 한 하천을 따라 이동했다. 그리고 이곳에서 헌 옷의 '재활용'으로 인해서 아픈 사람들과 마주했다.

헌 옷 표백 화학폐수로 마을이 병들다

부유물질이 떠다니는 검은 하천이 한 마을을 가로지르고 있었다. 인도 수도 뉴델리에서 북쪽으로 90킬로미터 떨어진 파니파트시 남부의 심라구지란 마을. 이 마을에서 태어나 평생을 살아온 75살의 크리산 랄 샤르마는 이 하천과 30미터도 떨어지지 않은 곳에 집을 짓고 산다. 2024년 10월 23일 찾아갔을 때 샤르마는 집 1층에 설치한 간이침대에 누워 있었다. 그는 플라스틱 지팡이를 짚으며 힘겹게 침대에 걸터앉은 뒤 천천히 손을 모아 인사를 건넸다. 샤르마는 마비 증세로 다리를 거의 움직이지 못했고, 종아리 쪽 피부는 알레르기성 피부병으로 우둘투둘했다. 그는 입을 떼는 것조차 힘겨워 보이는 상태로 14년째 혈액암 투병 중이라고 말했다.

마을의 이장을 맡기도 했던 샤르마는 평생 심라구지란에서 농부로 살았다. 건강했던 그의 몸 상태가 이상해진 건 2010년께부터였다. 농부로 일하던 그에게 갑작스럽게 다리가 마비되는 증상이 찾아왔다고 한다. 도시에 있는 대형 병원에 갔지만, 마비 증상은 쉽게 사라지지 않았다. 그렇게 통원 치료를 하다가 암 진단을 받게 됐다.

여러 병원을 전전하며 치료법과 병의 원인을 함께 찾았다. 그러다 한 의사가 "오염된 물을 마시고 오염된 땅에서 자란 작물을 먹은 게 원인"이라고 말했다. 그제야 샤르마는 자신의 마비 증상이 피부병과 함께 왔던 상황을 떠올리게 됐다. 집 근처 하천이 폐수로 더러워진 시기 역시 발병시기와 겹쳤다.

심라구지란의 샤르마 집 인근을 흐르는 하천에는 연간 10만 톤의 섬유를 재활용하는 '헌 옷의 수도' 파니파트의 표백·염색 공장에서 흘러나오는 폐수가 고스란히 흐른다. 마을이 공장단지에서 8킬로미터가량 하류에 있기 때문이다. 심라구지란의 하천이 눈에 띄게 검고 탁해진 건 2010년 초다. 샤르마는 느린 속도로 어눌하지만 단호하게 말했다. "제가 어릴 때 이 마을을 기억해보면, 사람들은 강에서 목욕하고 빨래도 했어요. 그런데 2010년 이후 갑자기 2년 만에 물이 더러워졌어요. 사람들은 물을 제대로 쓸 수가 없었어요."

사람들도 가만있지만은 않았다. 하천 물을 그대로 길어서 쓰던 사람들은 오염수로 물이 더러워지자 200미터 아래로 땅을 파서 지하수를 길어내 마시기 시작했다. 하지만 오염 물질을 피할 수는 없었다.

샤르마는 20킬로미터 거리의 병원에 다니며 한 달에 치료비와 약값으로만 1만 3000루피(21만 6000원)를 쓴다. 파니파트시 1인당 월평균 소득이 1만 7568루피(29만 2000원)인 것을 고려하면, 그의 가족 한 달 소득의 상당 부분이 치료비에 들어가는 셈이다. 샤르마와 비슷하게 '더러운 물'로 인해 마비 증세나 암을 겪는 마을 사람들은 대부분 파산 위기에 내몰렸다. "이 마을은 농가라 소득이 낮아요. 그런데 사람들이 아프면서 부담해야 할 최소한의 의료비는 높아진 거죠. 물 오염 때문에 상당히 어려운 상황이 펼쳐지는 거예요." 샤르마를 간병하는 42살 아들 비제이 팔 샤르마가 목소리를 높였다.

그렇다면 상류에선 어떤 일이 벌어지고 있을까. 우리는 심라구지란 하천으로 오염된 폐수가 흘러 들어오는 과정을 확인하기 위해 상류 쪽으로 발걸음을 옮겼다. 그런데 2킬로미터 정도 올라가보니 하천 주변 도로가 검은색 혹은 적갈색으로 오염된 곳을 발견할 수 있었다. 이곳은 하천의 '2번 배수구'로 불리는 곳인데, 섬유를 재활용하는 표백·염색 공장이 업자에게 폐수를 주면 업자가 트럭으로 폐수를 싣고 와서 이 배수구에 갖다 버린다.

실제로 배수구 앞에서 기다린 지 10분 만에 2~3톤 트럭 한 대가 나타났다. 이 트럭은 배수구 인근으로 이동해 물탱크 꼭지가 있는 차 뒷부분을 하천 방향으로 댔다. 이후 기사

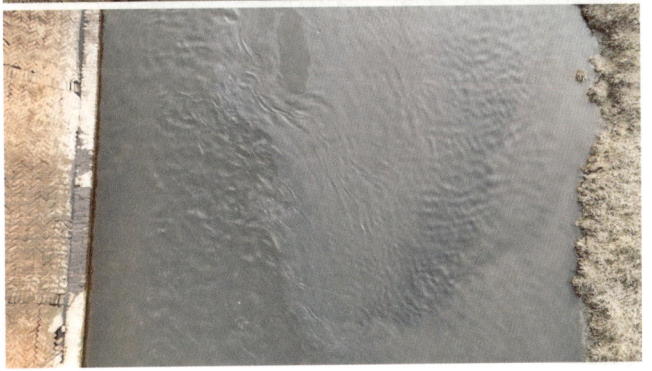

인도 파니파트 강가.

가 트럭에서 내려 물탱크 꼭지를 열자 잿빛 오염수가 두 개의 물탱크 꼭지에서 쏟아져 나왔다. 우리가 폭이 10미터 정도인 하천을 사이에 둔 반대편 기슭에서 트럭 기사를 지켜보고 있었지만, 그는 아랑곳하지 않고 폐수 방류를 2분이나 지속했다.

끝이 아니었다. 30분 정도 뒤, 현장 확인을 위해 방금 트럭이 폐수를 방류한 반대편으로 이동했을 때, 또 다른 트럭이 이번에는 우리가 원래 있던 쪽 하천 변에 나타났다. 같은 모양의 트럭이었고 탑승자는 2명이었는데, 역시 우리 앞에서 아랑곳하지 않고 물탱크 꼭지를 열었다. 역시 잿빛 폐수였다. 파니파트 지역 프리랜서 기자이자 시민단체 활동가인 49살의 바라지 바폴리는 "공장 사람들이 오후 늦게나 밤에 몰래 오염수를 가져다 버리기도 한다"고 말했다.

이런 일이 '2번 배수구'에서만 벌어지는 것도 아니었다. 우리가 '2번 배수구'보다 1킬로미터가량 상류에 있는 '1번 배수구'를 찾았더니, 여기서도 형언할 수 없는 악취가 났다. 배수구 주변에는 쓰레기와 오물이 쌓여 있었다. 역시 섬유를 재활용하는 표백·염색 공장단지에서 내다 버린 폐수의 영향이었다.

이렇게 15년 전부터 심라구지란 마을로 흘러 들어온 폐수는 하천 상류에 있는 200여 개의 헌 옷 표백·염색 공장에서 출발했다. 파니파트에는 앞서 설명했듯 세계 각국에서 250톤의 버려진 옷이 수입된다. 이 헌 옷의 일부는 그냥 버려지지만, 남은 것은 담요나 커튼, 침대 시트의 재료가 된다. 이 공정에서 화학 용수가 발생한다. 헌 옷의 색깔을 빼서 하얀 옷으로 만드는 표백 공정과 다시 다른 색깔로 염색하는 염색 공정이 있는데, 표백 공정을 맡은 공장은 헌 옷들을 잘게 자른 뒤 화학 용수에 담그는 방법으로 색깔을 뺀다. 이 화학 용수에는 형광증백제와 계면활성제, 첨가제와 더불어 구리, 카드뮴과 같은 중금속이 포함돼 있다. 발암물질로 알려진 것들이다. 화학 용수는 표백 공정을 마친 뒤 고스란히 폐수가 된다.

이 폐수 생산에 한국의 헌 옷도 일조하고 있다. 추적기를 단 헌 옷 가운데 11개가 인도로 향했고, 11개 중에 9개가 파니파트시 산업단지에서 재활용 혹은 소각되는 공장 인근에서 신호를 보내고 있다는 사실을 확인했다. 파니파트 동부의 한 헌 옷 표백 공장에서 만난 36살의 공장 관리인 카빈더는 "재질이 좋은 편인 한국의 헌 옷들도 이 공장으로 넘어와서 표백된다"고 말했다.

헌 옷 재활용 공장들이 오염수를 하천에 고스란히 흘려보내는 이유는 그저 비용을 아끼기 위해서다. 지역 활동가 타야기는 "공장에서 1대의 물탱크에 들어가는 물(3톤 추정)을 정수하는 데 5000루피(8만 3000원)가 든다. 그런데 (폐수처리 업자에게 의뢰해) 여기에 오염수를 한 번 버리게 하는 데 드는 비용은 500루피(8300원)에 불과하다"고 말했다.

이 때문에 공장들은 폐수처리업자에게 돈을 주고 폐수를 방류한다. 물론 이 일은 법으로 금지돼 있다. 2022년 주정부의 환경오염 관련 부서 오염통제위원회는 처리되지 않은 폐수가 하수구로 유입되는 것을 중단하도록 지시했다. 하지만 폐수를 버리는 행위에 대한 벌금은 5000루피에 불과하다. 벌금이 많지 않고 단속도 뜸하기에 공장들은 단속을 두려워하지 않고 폐수 방류를 선택한다.

"정부는 오염수 방류를 금지하는 법을 제정했어요. 이 지역은 공장들이 자체적으로 정수해야만 깨끗해질 수 있는데, 누군가는 이렇게 불법적으로 행동하고 있어요. 그 사람들을 잡으면 벌금을 부과할 수 있지만, 한 명 잡은 걸로 그치죠. 잡히지 않으면 그만이라는 생각으로 이 일을 하는 거죠." 폐수 방류를 함께 지켜본 타야기가 말했다.

오염수는 작물과 동물의 건강에도 영향을 미친다. 파니파트 인근 하천의 어획량도 크게 줄었다. 타야기는 "심라구지란의 토지가 황폐해지고 있다. 오염된 과일과 채소를 먹은 사람들의 사망률이 높아지고 있다"며 "이 지역 버펄로도 새끼를 예전만큼 낳지 못한다. 역시 오염된 물 때문"이라고 했다.

심라구지란 마을을 지난 오염수는 하천을 따라 야무나강으로 흘러든다. 야무나강은 심라구지란에서 약 9킬로미터 떨어진 곳에서 남북을 가로질러 흐르는데, 강 길이가 1376킬로미터에 달한다.

인도에서 야무나강은 갠지스강과 함께 가장 신성한 강으로 꼽힌다. '어머니의 강'으로 불린다. 힌두교 신자들은 야무나강을 의인화한 여신을 생명과 풍요의 신으로 숭배한다. "야무나강이 더러워지는 것은 우리의 종교적인 감수성에도 영향을 줘요. 원래는 깨끗하고 순수한 야무나강에 성스러운 몸담금(Holy dip)을 했어요. 그만큼 야무나강은 깨끗한 물이었지만, 이제 더러운 물이 됐죠." 타야기의 설명이다.

야무나강과 같이 큰 강도 섬유 재활용 공장이 일으키는 오염으로부터 큰 영향을 받고 있다. 지역 언론 〈어스 저널리즘 네트워크〉는 야무나강의 암모니아 수치가 2016년에 수질 허용 기준치인 0.5ppm의 5배를 넘는 2.6ppm을 기록했다고 보도했다. 인도 환경부는 2021년 12월부터 2022년 4월까지 야무나강을 오염시키는 오염원을 조사했는데, 파니파트의 산업폐수(45퍼센트)가 가장 많은 오염을 일으키는 것으로 나타났다. 파니파트 섬유 공장에서 나오는 물로 인해 수질오염 성분인 암모니아성 질소, 질산염, 인산염 함량이 높아진다는 결과였다. 하지만 여전히 5700만 명이 야무나강의 물에 의존해 살아가고 있다. 게다가 야무나강은 수도 뉴델리의 물 공급량 70퍼센트 이상을 차지한다. 뉴델리의 많은 인구가 야무나강의 오염으로 직접적 피해를 볼 가능성이 큰 것이다.

200개나 되는 공장이 공공연하게 폐수를 마을 상류에 버리면서 야무나강까지 오염됐는데, 그보다 작은 하천에 의존해서 사는 심라구지란 사람들이 깨끗한 물을 구하기란 불가능한 일이다. 지하에서 물을 길어 올리지만, 심각한 전력 부족으로 전동 수도 펌프도 하루에 몇 시간 쓰기 어렵다. 게다가 지하수 또한 깨끗하지 않다. 바폴리는 "오염수가 지하수로 스며들고 있다. 이곳에서 크는 작물도 오염수의 영향을 받는다. 마을 주민들은 결국 오염된 물을 써야 한다"고 했다. 이 마을 앞에 하수처리장을 만들자는 제안, 하천 주변을 콘크리트로 만들어서 주거지역과 농업지역을 보호하자는 제안도 나왔지만, 실현되지 않았다.

마을의 각종 중증·경증 질환 환자는 나날이 늘고 있다. 심라구지란의 마을 의사인 35살 비카스 샤르마의 아버지인 60살 라즈 쿠마 샤르마도 몸의 상·하체 왼쪽 부분이 마비된 환자다. 라즈 쿠마는 말을 할 수 없었고, 힘이 빠진 채 누워서 눈을 깜빡거렸다. 가려움증과 피부질환이 심각해서, 아들 비카스가 그를 간병하고 치료하고 있었다. 평생을 이곳

강에 버려진 쓰레기들.

에서 살아온 그는 줄곧 건강했는데, 4개월 전부터 갑작스럽게 몸이 움직이지 않고 말이 어눌해지는 증상을 겪고 있었다. 아들 비카스는 아버지의 질병이 가려움증이 동반된 점으로 미루어 오염된 물과 관련이 있다고 추정했다.

비카스는 오염수로 인해 질병을 얻은 환자가 한둘이 아니라고 했다. 마을에서 10년간 환자들을 치료하고 관찰하며 얻은 결론이었다. 그는 "가려움증을 동반한 피부질환과 간과 폐와 신장 질환, 암, 신체 마비 문제를 겪는 환자가 상당히 많다. 이 환자들은 더러운 물 때문에 질병을 겪는 것으로 보인다. 더러운 물로 인한 피부질환, 중증질환 환자 수는 400명으로, 나날이 증가하고 있다"고 말했다. 전체 인구가 4000명 남짓인 이 마을에서, 10퍼센트가 오염된 물 탓에 질병을 겪고 있는 것이다.

비카스와 마을 사람들은 공장단지가 일으키는 대기오염 또한 사람들의 폐와 호흡기에 영향을 주고 있다고 본다. 타야기는 "재활용 의류를 소각하고 연료로 사용하면서, 사람들이 호흡기 질환도 겪는다"고 말했다. 실제로 마나브 라치나 국제조사연구소가 파니파트의 주요 산업 밀집지에서 5킬로미터 이내의 주택을 대상으로 한 조사를 보면 수질과 대기, 토양 오염 등으로 인해 약 93퍼센트의 가구가 지난 5년 동안 건강의 문제를 겪은 적이 있는 것으로 나타났다.

비카스는 저녁 6시께 인터뷰를 하다가도 동네 피부질환 환자를 맞이했다. 비카스 주변에 서 있던 친척 조카인 14살 시라그와 16살 아크쉬도 자신이 피부병을 앓고 있다며 우리에게 등과 다리 등을 내보였다. 곧 주변에 있던 소년 소녀들도 모여들어 우리에게 "저도 피부병이 있어요" "저도 있어요"라고 말했다.

환자를 진료하러 자리를 떠나면서 비카스는 말했다. "차라리 공장이 문을 닫으면 좋겠어요. 사람들이 돈을 벌더라도 가족들을 치료하는 데 돈이 다 들어가잖아요. 월급을 적게 받더라도 건강한 삶을 사는 게 낫죠."

한국의 헌 옷도 버려지는 세계적 '헌 옷의 수도' 파니파트시 재활용 공정의 현실은 주민들의 아픔과 연결돼 있었다. 대량생산된 뒤 폐기된 헌 옷들의 유입과 인도 정부의 미진한 대응, 그리고 공장들의 불법 폐수 방류가 겹쳐 심라구지란 마을은 점점 폐허로 변하고 있었다. 오염수로 살아가기 힘든 땅이 되면서 사람들은 하나둘 이곳을 떠났다. 하지만 여전히 떠날 수 없는 사람이 더 많다. "그나마 떠나는 사람들은 중산층에 속해요. 마을 밖에서 직업을 찾을 수 있고, 그래서 밖으로 이주할 수 있는 사람들이죠. 그런데 저소득층은 떠날 수 없어요. 여길 떠나서 일자리를 구하기도 힘들고, 살기도 어렵기 때문이에요." 혈액암에 걸린 아버지를 간병하

던 비제이 팔이 말했다.

마을에 살았던 4000명 중 100가구, 약 400명이 최근 몇 년 사이에 이미 마을을 떠났다. 하지만 떠날 여력도 없는 이들은 그저 아픈 몸을 이끌고 이곳에서 버틸 뿐이다. "떠나지 않은 사람들도 곧 아프겠죠." 바폴리가 굳은 표정으로 말했다.

3살배기 딸도, 20대 아버지도 '독성물질 옷 더미'에 무방비 노출

채소밭 사이 약 500평의 너른 땅에 잘게 쪼개진 섬유가 널려 있었다. 이 섬유는 헌 옷을 잘라낸 조각들이다. 섬유의 색은 모두 흰색 계열이다. 섬유가 널려 있는 사잇길을 걸어가 봤는데, 축축한 섬유에서 나는 강렬한 산성 물질 냄새가 코를 찔렀다. 락스 몇 통을 들이부어야 날 법한 냄새다. 머리가 아플 정도다. "맡아지시죠? 이 옷들에 화학약품을 적셔 표백하는 거예요." 현지 통역사가 슬쩍 귀띔해주었다.

  2024년 10월 25일 인도 파니파트시 동쪽 외곽에 있는 한 공장. 이 공장은 헌 옷을 재활용하기 위해 섬유를 표백하는 일을 한다. 이곳에서 일하는 25살 노동자 할림은 저수조에 담긴 표백 용수에 섬유를 담갔다 뺀 뒤 섬유를 펴서 땅에 너는 작업을 하고 있었다. 표백 용수는 저수조에 덮개 없이 보관되어 있었다. 32도의 무더위 속에서 반팔 반바지 차림인 할림은 맨손과 맨발로 일하고 있었다. 맨손은 표백 용수

에 쉽게 접촉됐다. 맨발인 건 표백된 섬유가 신발 자국으로 더럽혀지면 안 되어서였다. 보호 장구는 하나도 없었다. 공장에서 만난 다른 네 명의 노동자도 모두 할림과 비슷한 차림새였다.

'헌 옷의 수도'인 파니파트는 세계 각국에서 몰려드는 헌 옷을 재가공하는 산업이 발달했다. 헌 옷을 재가공하기 위해선 옷을 섬유로 만드는 작업과 섬유의 색깔을 빼는 작업이 필요한데, 이 공장에서 하는 표백 공정이 바로 섬유의 색깔을 빼는 작업이다. 이 과정을 거쳐야 실로 만든 뒤 다른 색으로 염색할 수 있다. 표백에는 강력한 독성 표백제와 계면활성제, 각종 중금속으로 이뤄진 화학물질 혼합수가 쓰인다.

할림도, 공장의 공장주도 화학물질이 노동자들의 건강을 해친다는 걸 잘 알고 있었다. 하지만 다들 별다른 보호 장구를 쓰지 않고, 정기적으로 약을 먹으며 버티는 게 다였다. 노동자들은 주마다 또는 달마다 공장에서 2킬로미터가량 떨어진 동네 병원에 정기적으로 약을 처방받으러 갔다. 공장주의 소개로 호흡기와 폐 질환 관련 약을 복용하는 것이다. "표백 용수의 독성가스가 몸에 영향을 주기 때문에 약을 먹어요. 아직 젊어서인지 건강에 문제는 없어요." 할림이 말했다.

이곳에서 140킬로미터가량 떨어진 벵골 지방 출신인 할림은 4년 전 가족과 함께 파니파트의 표백 공장으로 이주했다. "고향에서는 가난하고 일거리가 없었"기 때문이다. 그는 표백 공장 안에 있는 20평 안팎의 작은 오두막에서 지낸다. 공장주가 제공한 공간이다.

파니파트로 이주해 일거리와 지낼 장소를 얻었지만, 그의 삶은 여전히 팍팍하다. 할림이 독성물질 옷 더미에서 일하며 한 달에 얻는 수입은 1만 5000루피(25만 원) 정도다. 인도의 평균임금이 월 3만 2000루피인 것을 고려하면, 평균임금의 절반에도 못 미친다. 그마저 약값에 일부가 든다. 게다가 그에게는 부양해야 할 가족이 많다. 오두막에서는 20살인 배우자 쿠슈부, 6살 파라빈, 5살 라이언, 3살 하마라, 생후 9개월 된 매핵 등 네 아이와 함께 산다. 곧 다섯째 아이도 태어난다. 부모도 모시고 있다. 이렇게 삼대, 여덟 식구가 모여 표백 공장의 오두막에서 지내는 것이다.

할림의 표백 작업은 노동시간이 일정하지 않고, 작업 종류에 따라 휴일이 보장되지 않는 경우도 있다. 의류의 표백과 물량 이송 일정에 따라 노동시간이 맞춰지는 편이다. 그의 일은 재활용 공장에서 잘게 잘린 헌 옷들이 표백 공장으로 옮겨온 뒤에야 시작된다. 할림은 이 옷들을 6개의 커다란 저수조에 순서대로 담근다. 저수조당 2~5시간 간격으로 헌 옷을 물에 넣었다가 뺀다. 저수조에는 각각 다른 표백 용수가 들어 있다. 할림을 비롯한 직원들은 나무 막대로 섬유를

인도 파니파트의 표백 공장에서 표백 용수에 적신 옷을 운반하고 있다.
표백에는 독성물질로 이뤄진 산업용수가 쓰인다.

돌려 표백 용수가 잘 스며들도록 한다. 이렇게 헌 옷을 표백 용수에 순서대로 담그는 작업은 3일 정도 걸리고, 표백된 옷을 말리는 작업도 추가로 3일 정도 걸린다. 말린 옷들은 릭샤*에 실어 섬유를 원사로 만드는 공장으로 보낸다.

파니파트에서 재활용 공정을 거치는 한국 옷이 많다는 사실은 추적기로도 입증된다. 9벌이 인도 파니파트로 향했다. 현지에서 확인한 결과 옷들은 파니파트에서 분류되고 잘린 뒤 표백되는 재활용 공정을 거치는 것으로 추정된다. 할림이 표백하고 말린 옷에는 한국의 헌 옷이 다수 포함돼 있을 것이다. 공장주도 "미국, 방글라데시, 한국에서 옷들이 온다"며 한국에서 온 헌 옷들을 우리에게 보여줬다. 합성섬유로 된 옷 더미였다. 조각난 옷들은 표백된 뒤 말라 있었다.

남아시아 인권 단체 '아리사'와 네덜란드 섬유 수거 기관 '심퍼니'가 펴낸 '섬유 재활용의 비밀' 보고서(2020) 또한 파니파트에서 헌 옷을 재활용하는 과정에서 발생하는 표백 노동자의 건강 악화 문제를 지적했다. 보고서는 "화학물질 안전 관련 조처가 마련돼 있지 않으며, 작업자는 화학물질 취급 방법에 대한 교육을 받지 않았다. 안전한 폐수처리 시스

---

* 인도, 방글라데시 등지의 탈것. 이전에는 인력거 형태가 많았으나 최근에는 자전거를 개량한 것이나 소형 엔진을 장착한 삼륜차 형태가 많다.

템이 없기 때문에 폐수는 개방된 배수구로 배출된다. 때로는 표백 과정에서 유독가스가 방출돼 근로자들이 작업 구역 근처의 거주지를 떠나야 하는 경우도 있다"며 "저임금과 개인 보호 장비 부족은 방문한 모든 공장에서 발견됐다"고 지적한다.

표백한 섬유를 재활용해 원사로 뽑는 공장의 노동환경도 열악하기는 마찬가지였다. 우리는 2024년 10월 24일 파니파트에 있는 실과 커튼 제조 공장을 방문했다. 실과 커튼의 재료는 표백한 뒤 가공한 헌 옷이다. 노동자들은 한 올 한 올 실을 뽑아내는 기계 옆에 서서 실을 손으로 처리하거나 기계를 작동하고 있었다. 창문이 없는 공장에 육안으로도 실먼지가 날아다니는 게 보였고, 미세입자가 된 섬유 조각들은 기계 주변에 먼지처럼 쌓이고 있었다. 오래된 영상으로 남아 있는 한국의 1960~70년대 방직공장 노동 현장 풍경을 연상시켰다. 이곳에서도 노동자들은 마스크를 하지 않고 있었다.

또한, 미성년자들이 헌 옷 재활용 노동에 투입되는 경우도 있는 것으로 보였다. '섬유 재활용의 비밀' 보고서는 "옷의 재활용 작업에 14살에서 18살 사이의 미성년 노동자들도 투입되고 있다"고 지적한다. 인권 단체 '휴마나 피플 투 피플 인디아'가 2018년 5~18살 어린이 4148명을 대상으

로 진행한 조사에서 440명의 아이가 헌 옷을 분류하고 재활용하는 일을 하는 것으로 조사됐다. 일하는 아동의 59.3퍼센트는 노동에 대한 임금을 전혀 받지 못했다. 또한 일하는 미성년자 중 많은 비율(44퍼센트)이 5~10살의 아주 어린 나이에 일을 시작한 것으로 나타났다. 이 인권 단체는 공장의 아이들을 학교에 보내는 프로젝트를 진행했고, 이후 정부 또한 아동노동을 단속하며 최근 2~3년 새 '학교 밖 아동 노동자'는 크게 줄었다. 하지만 파니파트 시민들에게 우리가 현재 상황을 문의한 결과, 여전히 소수는 학교에 가지 않고 부모를 도와 재활용 관련 노동을 하고 있을 것이라고 추정했다.

파니파트의 헌 옷 재활용은 이렇듯 어린이를 포함한 노동자들의 건강을 갉아먹으며 굴러간다. 극심한 빈곤과 실업 때문에 사람들은 파니파트의 헌 옷 재활용 관련 일자리의 위험성을 알고도 받아들인다. 표백 공장의 또 다른 오두막에서 아들과 함께 살며 일하는 58살의 여성 노동자 소마티 또한 그랬다. 파니파트에서 400킬로미터 떨어진 우타르프라데시 지역 출신인 그는 14년간 표백 공장에서 일했다. "원래는 우타르프라데시에서 일하던 일용직 농부였어요. 하지만 농사일은 늘 일정하지 않았어요. 수확을 1년 기다려야 했어요. 많은 수입을 얻을 수 없었고 실업자가 됐어요. 그래서 고향을 떠나 이곳으로 와 일하는 거죠."

극심한 빈곤층이고, 힌디어를 읽지 못하고, 여성인 그에게 허락된 일자리는 적었다. 그는 그나마 이 공장의 공장주가 자신을 고용해준 게 다행이라고 생각한다. "저도 이 일이 건강에 영향을 미치는 것을 알고 있어요. 산(酸)을 사용하기 때문에 폐에 문제를 일으킬 수 있거든요. 그래서 매일 약을 먹죠. 매일 약을 먹는 것 외에 다른 선택지는 없어요."

소마티를 인터뷰하고 돌아서자, 표백 노동자 할림의 3살배기 딸 하마라가 표백 공장 옷 더미 위에서 당근을 들고 서 있었다. 옷들은 표백 용수에 담갔던 것이다. 옷 더미를 미끄럼틀 타듯이 내려온 하마라는 표백 공장 인근 밭에서 가져왔다며 아빠에게 당근을 자랑하곤 그 당근을 입에 넣었다. 당근을 오물거리는 하마라 뒤로 이어진 공장 주변 밭으로도 표백 용수가 이리저리 흘러넘쳐 있었다.

인도 파니파트 표백 공장의 노동자 할림의 딸 하마라.

우리가 타이로 향한 이유

인도 파니파트에서 일정을 마치고 뉴델리로 돌아온 우리는 곧바로 타이의 수도 방콕행 비행기에 몸을 실었다. 한국에서 보낸 신발과 티셔츠가 향한 타이의 중고 시장이 목적지였다. 타이 동부의 아라냐쁘라텟에서 헌 신발에 달린 추적기가 신호를 보내왔기 때문이다. 그곳에는 점포가 1000개 넘는 대규모 중고 시장이 있었다. 중고 시장으로 간 옷과 신발은 제대로 재사용되고 있는 걸까?

인도 파니파트 때처럼 사전 정보는 많지 않았다. 한국인들이 많이 찾는 지역이 아니었고, 온라인상에 접할 수 있는 정보도 제한적이었다. 역시나 직접 부딪치며 추적을 해야 하는 상황이다.

단서가 될 만한 것은 10년 전에 현지 언론이 게재한 기사뿐이었다. 중고 시장에 쏟아져 들어오는 중고 신발과 옷은 다 팔리지 않고 어디론가 버려지고 있다는 짧은 내용이었다. 타이로 가기 전 어렵게 이 기사를 쓴 현지 언론인과 SNS

로 연락이 닿았다.

그는 "여전히 중고 시장에서 팔리지 못한 물건들이 버려질 가능성이 높다"라고 하며 10년 전이긴 하지만 당시에 중고 시장의 물품이 버려지는 것을 확인할 수 있었던 위치를 알려줬다. 방콕에 도착한 우리는 그가 알려준 위치 주변으로 향했다. 하지만 그 근처에 중고물품이 버려지는 쓰레기장은 하나뿐이었고, 결국 중고 시장 상인들에게 물어물어 인근 쓰레기장들을 찾아다녔다.

이 과정은 쉽지 않았다. 33도의 낮 기온과 높은 습도 속에 우리는 원인 모를 심한 독감까지 겪었다. 우여곡절 끝에 한국에서 출발한 중고 신발과 옷들의 종착역을 마주했다.

들개가 한국 옷 뜯는
타이 쓰레기 산

해지고 흙먼지를 뒤집어쓴 옷과 신발 더미가 생활 쓰레기를 담은 비닐봉지와 플라스틱과 함께 어지럽게 얽혀 포개져 있다. 이 쓰레기들은 높이 쌓였고, 멀리서 보면 동산이나 언덕처럼 보였다. 가장 높은 더미는 10미터 넘는 높이에 면적은 5제곱킬로미터나 된다. 까마귀 떼는 이 쓰레기 산 하늘 위를 맴돌았고, 들개 여러 마리가 쓰레기 산에 올라 잔해물을 먹고 있었다.

이곳은 타이 방콕에서 동쪽으로 약 240킬로미터 떨어진 아라냐쁘라텟시에 있는 쓰레기 매립지다. 우리는 2024년 10월 28일 캄보디아와 국경을 마주한 아라냐쁘라텟시를 찾아 이 광경을 목격했다. 쓰레기 '매립지'였지만, 쓰레기는 흙 속에 매립되지 않고 그저 높이 쌓인 채 봉우리 숫자를 늘려가고 있었다.

공기 속에는 악취가 진동했다. 우리는 말로 표현하기 어려운 악취로 인해 헛구역질을 하기도 했다. 오래된 의류와 신발, 비닐봉지, 플라스틱이 얽히고설켜 온갖 독한 냄새를 뿜어냈다. 심지어 몸까지 가려워졌다. 악취는 쓰레기 무덤에서 나기도 했지만, 쓰레기 더미 주변으로 흐르는 침출수에서 더욱 독하게 퍼졌다. 검게 썩은 물은 쓰레기 무덤 주변을 감싸고 쓰레기 매립지 뒤쪽 하천으로 번져가며 흐르고 있었다.

타이 사람들이 버리는 생활 쓰레기 매립지인 이곳에는 유독 옷과 신발이 많이 보였다. 쓰레기 무덤 속 쓰레기의 30퍼센트 이상이 옷, 신발, 섬유 덩어리 등으로 추정됐다. 옷과 신발은 비교적 깨끗한 상태로 자루에 담긴 것부터 이미 흙투성이가 된 것까지 다양했다. 오래된 것부터 새로운 것까지 계속 들어온다는 뜻이다.

이곳에 쌓인 옷과 신발, 가방들은 타이와 캄보디아 국경의 중고 시장으로 유명한 롱끌르아 시장에서 버려진 것이었다. 롱끌르아 시장은 쓰레기 매립지에서 3킬로미터 떨어진 곳으로, 차를 타면 10분도 채 걸리지 않는다. "롱끌르아 시장에 보통 옷과 신발이 하루 1톤 이상 들어와요." 쓰레기 매립지를 안내하던 직원 ㄱ씨가 얘기했다. ㄱ씨는 롱끌르아 시장에서 중고로도 팔리지 않은 옷들이 이곳에 온다고 했다.

이곳 쓰레기 산에서도 한국 옷과 신발, 가방 등을 어렵지 않게 찾을 수 있었다. 쓰레기장 초입에서 '○○키즈태권도'라고 한글로 쓰인 가방을 발견했다. 쓰레기장 안으로 들어가니 신발 더미도 다수 발견됐다. 신발 중에 ㅅ브랜드 흰색 캔버스화에도 한글로 제품 재질이 쓰여 있었다. 쓰레기 더미에서 고물을 수집하는 업자의 가방에도 '청담○○'라는 한글이 적혀 있었다. 어린이들이 다니는 어학원에서 나눠준 가방이다. ㄱ씨는 "베트남이나 중국 의류가 많고, 그에 비해선 적은 양이지만 한국 의류도 들어오고 있다"고 했다.

옷과 신발은 어떻게 해서 약 3500킬로미터나 떨어진 타이의 롱끌르아 시장을 거쳐 아라냐쁘라텟의 쓰레기 매립지로 오게 됐을까. 추적기를 달아서 보낸 신발 2켤레와 바지 1벌을 롱끌르아 시장에서 발견했다. 하나는 검은색 여성 단화였고, 다른 하나는 흰색 운동화였다. 신발은 합성피혁과 합성고무로 이뤄져 있다. 바지는 대부분 폴리에스테르로 이뤄진 패스트패션 브랜드의 저가 바지였다. 모두 매립이나 소각 시 독성물질과 이산화탄소를 다량으로 배출하는 재질로 이루어졌다.

이 신발과 바지가 지나온 과정은 이렇다. 2024년 8월 15일 서울 중구 신당동의 의류 수거함에 두 신발을 넣었다. 신발의 이동은 생각보다 빨랐다. 수거함에 넣은 뒤 이틀 만인 8월 17일 수거함을 나와 경기도 포천시 외곽 지역으로 이동

한국 유치원 가방을 메고 있는 노동자.

했다. 그리고 이틀 뒤인 8월 19일에는 경기도 양주시로 보내졌다. 포천에서 분류 작업을 거친 뒤 양주시의 창고로 이동한 것으로 보인다. 다시 일주일여가 지난 8월 28일에는 인천항에서 발견됐다. 그로부터 약 4주가 지난 9월 24일, 두 신발 속의 추적기는 타이 아라냐쁘라텟의 롱끌르아 시장에서 신호를 보냈다. 두 신발은 같은 롱끌르아 시장에 있었지만 위치는 각기 다른 곳에서 확인됐다.

바지는 2024년 9월 경기도 파주의 한 주거 단지의 수거함에서 출발했다. 같은 도시에 있는 한 수출업체로 이동하더니, 이듬해 여름에 역시 롱끌르아 시장에서 발견됐다.

롱끌르아 시장은 1991년에 문을 연 중고품 시장이다. 전체 점포가 1400개에 이를 정도로 규모가 크다. 국경 넘어 캄보디아에는 카지노 산업으로 유명한 포이펫시가 있어 유동 인구도 많다. 중고품만 파는 것은 아니지만 중고 신발과 옷으로 가장 유명하다.

시장 상인들에게 물으니 시장으로 옷들이 오는 경로는 다양했다. 홍콩, 미국, 파키스탄, 일본, 그리고 한국 등지에서 들어온다. 주로 타이와 캄보디아의 항구를 통해 수입한다. 시장 상인인 50대 속항파오는 "타이를 통해 수입하는 물품들은 (타이 남부에 있는) 램차방 항구에서 육로로 실어 온다"고 말했다.

타이가 아니라 캄보디아로 도착한 뒤 국경을 넘어온 옷도 많다. 시장엔 주로 옷과 신발을 고쳐서 중고로 판매하는 캄보디아 상인이 많이 와 있었다. 상가연합회 직원 유아디는 "경제력의 차이 때문에 캄보디아에서는 같은 중고 옷을 팔더라도 타이에서 파는 가격에 판매하기가 어렵다. 그래서 이곳으로 온다"며 "타이 사람들의 구매력이 더 커서 어느 정도 이익을 남기는 것이 가능하기 때문에 캄보디아에서 이곳으로 많은 중고 옷이 넘어오는 것"이라고 설명했다.

이렇게 롱끌르아 시장으로 오는 중고의류에는 한국의 헌옷도 다수 포함돼 있다. 우리가 보낸 신발 두 켤레와 바지도 정황상 인천항을 떠나 캄보디아나 타이 램차방 항구를 통해 시장에 간 것으로 추정된다. 41살의 롱끌르아 상인 야야는 "주변에도 한국에서 가져온 옷을 파는 사람이 많다. 나도 한국의 겨울옷을 취급한다"고 말했다. 시장 안을 걷다가 이름과 예비군 마크까지 바느질되어 달린 한국 군복 상의가 판매용으로 걸려 있는 장면도 볼 수 있었다.

우리는 10월 28일 저녁 롱끌르아에서 신호를 보내고 있는, 한국에서 신발에 달아 보낸 추적기를 찾아가봤다. 우선 검은색 단화에 달렸던 추적기는 롱끌르아 인근의 한 장소에서 신호를 보내고 있었다. 서둘러 가보니 중고 신발이 판매되는 시장 거리에서 한 블록 너머에 있는 롱끌르아 외곽 지

GPS로 찾은 장소와 스마트태그 추적기.

역으로, 확인 결과 신발을 파는 곳이 아니라 신발을 세탁하는 '신발 세탁 거리'였다. 그곳에선 신발 세탁 노동자들이 대야에 중고 신발을 쌓아놓고 물로 씻어내거나 말리는 작업이 한창이었다.

우리가 신발에 설치한 스마트태그 추적기는 연결해둔 휴대전화가 120미터 안으로 접근하면 소리를 내는 기능이 있었다. 이에 우리가 해당 장소에 접근해 추적기 소리를 켜자 한 가정집 안쪽 방에서 '삑' 소리가 울렸다. 이 집의 주인은 34살의 캄보디아인 롬이었다. 그는 신발 세탁 노동자라고 자신을 소개하면서 "신발을 일정 수량 받아서 세탁하고 반납하는 일을 한다"고 말했다.

'신발 세탁 거리'에서는 롬처럼 롱끌르아로 흘러들어온 신발들을 세탁하는 신발 세탁 노동자가 즐비하다. 이들 대부분은 캄보디아인이다. 타이에서는 이들이 이주노동자가 되어 상대적으로 적은 임금을 받고 작업에 투입되는 것이다. 또 다른 신발 세탁 노동자인 32살의 깐야도 하루 평균 200켤레를 세탁한다고 했다. 중고 신발 판매 상인들은 신발 세탁 노동자에게 한 켤레에 3바트(122원)를 준다. 온종일 다리도 펴지 못한 채 큰 대야에 신발을 넣어 씻고 말려도 고작 일당으로 600바트(2만 4400원)를 버는 셈이다.

깐야의 배우자는 운동화에 도료를 다시 칠하는 일을 하는

신발을 재활용하는 모습.

데, 이 일은 한 켤레에 12바트(489원)를 받을 수 있다. 하지만 신발 세탁보다 일의 속도가 느릴 수밖에 없어서 버는 돈은 별 차이가 없다. 이렇게 버려진 신발은 타이까지 이동해 캄보디아 이주노동자의 세탁과 도장을 거쳐 비교적 새로운 중고 신발로 변신한 뒤 판매 상인들에게 향한다.

그러나 이렇게 재활용된 신발도 팔리지 않으면 폐기를 피할 수 없다. 흰색 운동화에 달았던 추적기의 신호가 멈춘 곳으로 찾아가보니, 롱끌르아 시장 안에서 재활용된 신발을 파는 매장이 나왔다. 매장 상인인 56살의 짜란은 장사가 잘 안되는 탓에 걱정이 많다는 말로 입을 열었다. "신발이 잘 안 팔린다. 한 달에 신발을 5000켤레 정도 들여오는데, 다 팔리는 달도 있지만, 절반도 못 파는 경우도 있다"며 "신발이 안 팔리면 쓰레기로 버려진다"고 말했다.

의류도 같은 운명을 맞는다. 캄보디아 상인으로, 20년간 롱끌르아 시장에서 장사해온 야야는 "(한국을 포함해) 외국에서 중고 옷을 수입하면, 받아놓은 다음에 팔 수 있는 것은 시장에서 팔지만, 팔 수 없을 것 같은 의류는 창고에서 바로 폐기한다. 쓰레기차가 와서 매립지로 싣고 간다"며 "팔리지 않은 의류 20~30퍼센트는 폐기하는 것 같다"고 말했다.

옷과 신발은 인근 매립지에서 쓰레기 산만 만드는 게 아니라, 자주 소각되기도 한다. 허가된 쓰레기 매립지에 옷과 신발을 보내는 데도 비용이 들기에, 쓰레기 수거업자들이 비용을 줄이기 위해 소각한 것으로 보인다. 실제로 아라냐쁘라텟시 매립지 인근 여러 장소에서 옷과 신발을 소각한 흔적을 발견했다. 현장에는 각각 3킬로그램 정도의 옷 무더기가 타고 남은 흔적이 곳곳에 흩어져 있었다. 타고 남은 재를 뒤져보니 한글이 선명하게 눈에 들어왔다. 안전화 브랜드였고 '경작업용 단화'로 표기된 신발의 상표였다. 다른 신발과 의류들은 탔지만, 불길이 크지 않아 타지 않고 남아 있었다. 또 다른 장소에서는 신발 안에 한국 신문이 말려 들어가 있는 것도 발견했다.

추적기를 달아서 버린 흰색 운동화도 소각됐을 가능성이 있었다. 운동화가 마지막으로 신호를 보낸 곳에서 장사를 하고 있던 상인 짜란이 "보통 이곳 상인들이 가게 앞에 남은 신발을 버리면 수거업자가 한 장소에 모았다가 태우는 것으로 알고 있다"고 말했기 때문이다. 타이 내에선 정해진 장소 밖에서 쓰레기를 소각하는 것이 금지돼 있다. 하지만 사설 쓰레기 매립지를 운영하며, 과거 약 2년간 롱끌아의 옷과 신발 쓰레기를 처리했던 55살의 요팅도 우리와 만나 "들어온 옷들을 소각처리 했다"고 전했다.

롱끌아 중고의류 등이 만든 거대한 아라냐쁘라텟의 쓰레기 매립지로 인한 주변 주민들의 어려움은 없을까. 아라

롱끌르아 시장 내부의 한 신발 가게.

매립지 인근 소각장.

냐쁘라텟 쓰레기 관리 담당 행정관은 "인근에 민가가 없고 정부 정책으로 이 매립지를 안전하게 소각하는 계획이 진행 중이어서 매립 문제는 없을 것"이라고 설명했다.

하지만 우리가 확인한 현실은 행정관의 말과 달랐다. 쓰레기 매립지 뒤에 하천이 있고, 하천에서 500미터 정도 거리에 민가가 모여 있었다. 사는 사람은 60여 명이다. 이곳에는 저렴한 집을 찾아 이주한 캄보디아인 이주노동자가 주로 살기 때문에 타이 행정관에게 민원을 제기하지 못한 것이다.

이곳 주민들이 가장 크게 우려하는 건 냄새와 화재였다. 쓰레기 매립지 인근에 사는 57살의 타이인 쑤니는 "매립지에서 플라스틱이나 캔을 수거하는 일을 하면 이익을 얻을 수 있지만, 포클레인이 쓰레기를 뒤적거리면 냄새가 심하게 난다"고 말했다. 그는 "쓰레기에서 발생하는 가스 때문에 화재가 잘 난다. 특히 날씨가 더우면 불이 잘 붙어서, 정부에서 소방차를 배치할 정도"라고 덧붙였다.

쑤니의 말대로 2019년 매립지에서 큰불이 났는데, 롱끌르아 시장과 지역 전체의 하늘이 연기로 뒤덮였다고 한다. 마을 입구에서 만난 캄보디아인 이주노동자도 의사소통은 쉽지 않았지만 "쑤니의 말에 동의한다"고 했다.

이런 주거 환경은 주민들의 건강에도 악영향을 끼칠 가능성이 컸다. 〈남아시아 암 저널〉(2014)을 보면, 타이의 쓰레기 매립지에서는 크고 작은 화재로 이산화황이 다량 배출되고, 이런 배출물질들이 폐암 발생 위험을 높이는 것으로 나타났다.

타이 정부 역시 플라스틱 폐기물 탓에 골머리를 앓는 중이다. 2023년 〈방콕포스트〉 보도를 보면, 2022년 말 타이 전국에서 처리되지 않고 남아 있던 쓰레기 총량은 991만 톤으로, 역대 최고치인 2021년 750만 톤보다 크게 늘었다. 게다가 2018년 기준 타이에 수입되는 플라스틱 쓰레기는 전년보다 5배나 증가한 55만 2912톤이 됐다. 그간 플라스틱 폐기물을 다량으로 수입하던 중국이 2018년부터 수입 전면 금지 조처를 시행하면서 선진국들의 플라스틱 쓰레기가 타이로 몰려들었기 때문이다. 타이 정부는 2023년부터 플라스틱 쓰레기 수입을 제한하고 있고, 2025년부터는 아예 수입을 전면 금지하기로 했다. 하지만 정작 문제는 선진국이 보내는 헌 옷과 헌 신발은 '폐플라스틱'에 포함되지 않는다는 점이다. 이 때문에 헌 옷과 헌 신발은 앞으로도 타이 쓰레기 매립지로 끊임없이 몰려들 예정이다.

우리는 상인과 수거업자 여러 명을 취재한 끝에, 4년 전쯤부터 롱끌르아 시장에서 나온 헌 옷과 헌 신발을 포함한 쓰레기들이 기존의 인근 아라냐쁘라텟 쓰레기 매립지 외에 50킬로미터 정도 떨어진 사깨오주 지역에 있는 새로운 매립지로도 가는 것을 확인했다. 넘쳐나는 헌 옷과 헌 신발 쓰레기들이 새로운 매립지까지 영역을 확장하고 있는 셈이었다.

11월 1일 사깨오주 쓰레기 매립지로 달려가봤다. 차로 40분쯤 가자 인가가 드문 외진 길을 지나 논과 밭이 펼쳐진 땅 한가운데에 세워진 쓰레기 매립지가 나타났다. 역시 쓰레기가 매립되기보다는 쓰레기 산을 이루고 있었다. 아라냐쁘라텟과 같이 썩는 냄새가 진동했고, 까마귀들은 쓰레기 산 꼭대기 주변을 날아다녔다. 쓰레기 산 주변으로 썩은 침출수가 많이 나와 접근하기조차 힘들다는 점도 똑같았다. 아라냐쁘라텟의 쓰레기 매립지보다는 작은 1제곱킬로미터 규모였지만, 이곳에는 오직 롱끌르아 시장의 쓰레기만 온다는 게 관리인의 설명이었다. 매립지 관리인 ㅇ씨는 "하루에 3톤에서 4톤의 쓰레기가 롱끌르아 시장에서 온다"고 했다. 중고 시장의 쓰레기인 만큼 비닐과 자루에 담긴 헌 옷과 헌 신발 더미가 쓰레기 산 곳곳에서 확인됐다.

한국을 포함해 선진국들이 수출하는 중고의류는 점포가 1400곳이나 되는 중고 시장에서도 모두 소화하지 못한 채 버려지고 있었다. 그런데도 패스트패션 등으로 인한 국제적인 의류 물량의 증가 탓인지 중고로 들어오는 의류와 신발 양은 줄지 않았다. 롱끌르아 신발 상인인 36살의 사미안은 "최근 들어오는 중고 물량이 더 늘었다. 팔리지 않는 것들은

4번 정도 할인해서 팔고 있다"고 말했다.

사설 쓰레기 매립지를 운영했던 요팅은 우리에게 이렇게 말했다. "(매립되거나 소각된 옷들은) 대부분 쓸 만한 거였거든요. (매립지로 들어온) 중고 모자를 100개까지 모아서 친구들 나눠주고, 버려진 바지도 좋은 것을 직원들에게 주기도 했어요. 그래도 롱끌르아에는 옷이 너무 많이 들어와요."

타이 아라냐쁘라텟 매립지.

그 아이의 '세상'

타이 아라냐쁘라텟의 한 매립지 모습.

인근의 롱끌르아 중고 시장에서 팔리지 않은 물건이 이곳에 매립된다.

매립지를 관리하는 노동자는 이곳 입구의 작은 판자 공간에서 산다.
서너 살 남짓의 아이도 함께 산다.

아이가 사는 매립지에 쌓인 쓰레기 더미.
흙먼지를 뒤집어쓴 옷과 신발들이 생활 쓰레기와 함께 어지럽게 얽혀 포개져 있다.

타이 아라냐쁘라텟의 한 매립지 전경.
5제곱킬로미터나 되는 면적의 매립지를 옷 쓰레기 더미가 가득 메우고 있다.

인도 파니파트 도심 바르사트로드 인근 '덤프야드'.
불법 폐기된 수입 중고의류 더미 위에서 들개가 몸을 웅크리고 있다.

인도 파니파트 도심의 불법 폐기 장소에 버려진 옷이 모여 쌓여 있다.

인도 파니파트시 중고의류 표백 공장에서 일하는 노동자 할림은 가족과 함께
공장 안 오두막에서 산다. 표백에는 독성물질로 이뤄진 산업용수가 쓰이고,
공장 부지는 이 물들이 가득하다. 이 공장 안 오두막에서 할림의 아이들을 만났다.

표백 공장 노동자 할림의 3살배기 딸 하마라가
독성 표백 용수에 담갔다가 뺀 옷 더미 위에서 놀고 있다.

표백 공장 노동자들이 보호 장구 하나 없이 맨손으로 일하고 있다.

옷과 신발, 생활 폐기물이 오랫동안 뒤섞여 쌓인 쓰레기 산. 땅을 빈틈없이 메운 구더기와 하늘을 가득 메운 까마귀 떼, 수도 없이 날아다니는 파리. 타이 아라냐쁘라텟시에 있는 쓰레기 매립지의 모습이다.

이 매립지 부근에는 롱끌르아 중고 시장이 있다. 이 시장을 포함한 타이 여러 지역에서 20톤에 달하는 쓰레기가 매일 이 매립지로 모인다. 우리가 서울 중구의 한 의류 수거함에 넣은 신발도 경기도 포천과 양주를 거쳐 인천항에서 배를 탄 뒤 이곳까지 온 것으로 추정된다.

공간에서 진동하는 역한 냄새를 겨우 참아가며 한국에서 온 의류를 10여 분쯤 찾았을 때였다. 이 공간과는 이질적인 한 어린아이와 조우했다. 이곳을 관리하는 노동자의 자녀로 매립지 입구에 마련된 작은 판자 공간에서 지내는 아이였다.

아이는 외국인이 이곳에 온 게 신기한지, 호기심 섞인 눈망울로 멀리서 바라보더니 이내 우리 쪽으로 걸어왔다. 바닥에 구더기가 가득한 터라 까치발을 들고 조심스레 걷던 나와는 다르게 망설이지 않는 모습이었다. 발보다 큰 신발을 신은 탓에 종종 신발이 벗겨졌지만, 아무렇지 않은 듯 땅을 디디며 걸음을 이어갔다. 나는 아이가 혹여 구더기를 맨발로 밟을까 싶어 마음을 졸였지만, 정작 아이는 덤덤했다. 고작 서너 살로 보이는 이 아이에게 쓰레기 매립지는 익숙

한 공간이었다.

나는 아이를 향한 시선을 쉽사리 거두지 못했다. 아이의 눈망울에는 알록달록한 자연이 아니라 구더기와 파리가 가득 메운 공간이, 거친 들개와 까마귀 떼가, 하늘로 치솟은 쓰레기 산이 어렸다. 이곳을 삶의 터전으로 삼는 아이에게 '세상'은 '쓰레기 산'이 전부일지도 모를 일이었다. 이곳과 3500킬로미터 떨어진 한국에서 보내온 의류도 쓰레기가 되어 쓰레기 산의 일부로 묻혀 있을 터였다.

인도에서는 아이가 밟는 세상이 그 자체로 아이의 몸을 해치기도 한다. 우리 모두가 버린 옷이 그 원인이다. 많은 한국 옷이 인도로 수출된다. 우리는 이동하는 헌 옷을 따라 인도 파니파트로 갔다. 파니파트는 중고의류를 수입해 재활용하는 산업이 발달해 있다. 하지만 이 과정은 몸에 해롭다. 특히 옷을 실로 만들기 전에 표백하는 공정에는 독성물질이 든 화학 용수가 쓰인다. 표백 공장에서 만난 노동자 할림은 가족과 함께 공장 안 오두막에서 산다. 할림의 오두막에서 6살 파라빈, 5살 라이언, 3살 하마라, 생후 9개월 된 매핵을 만났다. 아이들은 화학 용수가 사방에 흐르는 표백 공장을 놀이터 삼아 뛰어다녔다.

내가 평소에 입고 신다가 쉽게 버린 의류와 신발이 쓰레기 산을 더 높이 쌓고 있었다. 재활용 과정에서도 많은 화학물질이 그곳 사람들을 병들게 한다. 매립지와 표백 공장에서 만난 아이의 눈망울이 질문을 던진다. 어른이 된 나는 아이들에게 어떤 세상을 보여주고 있을까.

차라리 한국에서 태우는 게 친환경적일 것

패스트패션 브랜드에서 저렴하게 구입한 옷을 한 철 입고 버리는 게 보편화된 시대, 의류 수거함에 옷을 버리는 행위는 그나마 죄책감을 덜어준다. 수거함에 넣은 의류 대부분이 누군가에게 가서 한 번쯤은 또다시 쓰일 거라는 착각 때문이다. 김현욱 서울시립대 환

서울시립대 환경공학과 교수 김현욱.

경공학과 교수는 '의류 수거함–저개발국 수출–민간 소각' 단계를 밟고 있는 '의류 쓰레기 산' 문제를 지적하며, "차라리 우리나라에서 소각하는 게 친환경적일 것"이라고 비판했다. 의류 생산에서부터 소비 과정까지, 발암물질과 미세플라스틱 등과 같은 문제가 어떻게 발생하는지 김 교수에게 들었다.

우리가 의류 수거함 옷에 위치추적기를 달아 이동 경로를 확인했더니, 옷들이 타이 등 동남아 시장으로 흘러갔다가 다 소화되지 못하면 소각되는 단계를 밟더라. 이런 상황은 환경에 어떤 악영향을 끼치나.

"의류 수거함 옷이 재활용되는 게 아니라 인도나 타이 등으로 흘러가서 쌓였다가 태워지면, 우리나라에서 소각하는 것보다 더 안 좋다. 염료 같은 경우 유기용제 등이 많이 들어가기 때문에 위해성이 굉장히 높다. 그런데 이런 것들을 개방된 마당에서 특별한 시설 없이 태우면, 소각 온도가 낮기 때문에 완전연소 되는 게 아니다. 이산화탄소로 전환되지 않고 (위해성 높은) 화합물들로 부분 분해되는 양도 많다. 옆에 있는 사람들이 그걸 마신다고 생각해보라. 결국 발암물질이다. 지금 우리나라에선 그렇게 못 한다. '원격 감시 시스템(TMS, Tele

Monitoring System)'을 통해 배출을 실시간으로 감시한다. 요즘엔 연소 중 발생되는 이산화탄소를 포집하여 고정화시키는 기술들도 제안되고 있다. 연소 중 발생되는 열에너지 회수는 일반적이다. 하지만 저개발국에선 이런 시스템이 갖춰지지 않은 시설에서 소각이 이뤄진다."

옷을 의류 수거함에 넣어 저개발국에서 쓰레기 산이 되게 하는 것보다 우리나라에서 소각하는 게 오히려 더 친환경적일 수 있다는 건가?

"맞다. 전체적으로 봤을 때 우리가 과연 전 지구적으로 올바른 행동을 하고 있는지를 생각해봐야 한다. 옷 쓰레기가 우리 앞에서는 사라지는데, 정작 저개발국에서는 엉망으로 처분되고 있다. 그렇다면 우리는 상관이 없을까. 의류 수거함을 통해 '리사이클' '리사이클' 외쳤지만 최종 결과가 뭔가. 쓰레기 산에 불 질러 태워버리는 게 친환경인가. 지금 위해성이 있는 폐기물은 바젤협약(유해 폐기물의 국가 간 이동 및 교역을 규제하는 협약. 선진국이 유해 폐기물을 후진국에서 부정적으로 처리하는 문제가 부상하면서 스위스 바젤에서 협약을 맺게 됐다)으로 수출을 못 하게 돼 있지 않나? 의류가 거기서 빠져 있는데, 사실 사용 후 의류가 폐기물로 환경에 큰 영향을 줄 수 있다는 사실이 간과되고 있다."

인도, 타이에 갔더니 섬유 표백 작업을 하는 노동자들이 아무런 보호 장구 없이 옷을 표백하고 있었다. 표백 과정에서 배출되는 폐수는 그냥 강에 버리더라. 강 바로 밑에 마을이 있는데, 마을엔 암에 걸린 분들이 많았다.

"염색 폐수와 같은 경우엔 독성이 높다. 그래서 우리나라 반월 공단 등 염색공단에서 배출되는 폐수는 매우 복잡한 공정을 통해 정화된다. 저개발국에선 이런 복잡한 폐수처리 공정이 적용되지 못한다. 즉, 처리 없이 방류되는 것이다. 의류 폐기물을 태웠을 때도 마찬가지다. 만약 완전연소됐다면 주로 이산화탄소와 물만 생성될 것이다. 하지만 불완전연소되는 경우 유해 물질이 함께 생성될 것이다."

의류 생산단계부터 소비 과정까지 미세플라스틱이 얼마나 발생하고 영향을 주고 있나.

"재질로 봤을 때 합성섬유는 플라스틱이다. 우리가 미세플라스틱 제품을 안 쓰려면 벗고 다녀야 할 정도로, 의류에 일반적으로 사용된다. 생산되는 섬유 중 70퍼센트 이상이 합성섬유이기 때문이다. 일단 섬유는 쭉 하나로 이어지는 게 아니라, 조금씩 연결돼 있다. 실을 쭉 뽑아내지만 자세히 보면 서로 연결되어 있는 건데, 그것들은 합성해서 만든 제품이기 때문에 어떤 스트레스만 가하면 미세플라스틱이 조금씩 부서져 나온다. 염색을 한다든지, 세탁하는 과정에서 화학약품에 노출된다든지, 열 등에 노출되는 스트레스를 받으면 폴리머(고분자)가 조금씩 깨진다. 그 조각이 우리가 흔히 말하는 미세플라스틱이다. 우리가 아침에 옷을 입으려고 하면 먼지가 확 날 때도 있지 않나. 생활할 때도 비벼지면서 나오고, 빨래하면서 물로 막 비빌 때도 나온다. (미세플라스틱이 발생하는 건 의류 생산 및 소비 과정 중) 어느 한 순간에 일어나는 게 아니라, 제조부터 사용, 폐기되는 모든 과정에서 일어난다고 보면 된다. 쓰레기 산에 다녀오셨다고 했는데, 현장에 보면 산더미같이 옷이 쌓여 있고 태양 빛이 내리쬐지 않나. 이 빛의 자외선에 더 잘 분해된다. 의류 폐기물이 강이나 바다에 떠밀려 간 경우, 파도 등의 외부 힘이 가해질 때도 미세플라스틱이 발생한다."

천연섬유의 경우는 더 나을까?

"천연섬유에서 나온 조각도 우리가 들이마시면 플라스틱 같은 영향이 있는 거고, 결국은 (환경오염에 있어) 비슷하다. 플라스틱이라는 건, 1907년에 최초로 합성 플라스틱인 베이클라이트를 만든 레오 헨드릭 베이클랜드가 고분자 물질들로 만들어진 제품을 '플라스틱'이라 칭한 데서 유래한다. 사실은 자연계에 있는 걸 보고 인간이 비슷하게 만든 것이다. 그러니까 자연적으로 생성되는 폴리머도 아주 많다. 면옷도 우리가 입으면 먼지가 막 날리는데 그것도 폴리머. 천연섬유는 합성섬유보다 조금 더 빨리 분해된다는 장점은 있지만, 일반적으로 생각하는 것처럼 이것도 아주 쉽게 분해되는 것이 아니다."

미세플라스틱의 위험성은 어떤가?

"우리가 미세입자를 들이마시면 당연히 호흡은 힘들다. 그다음 이 미세플라스틱이 세포로 들어가지 않을까 하는 우려가 있다. 이때 중요하게 봐야 할 건 양이다. 스웨덴의 한 대학교 연구진이 '미세플라스틱 때문에 물고기가 이상행동을 한다'는 논문을 낸 적이 있는데, 이 논문은 데이터에 문제가 있는 걸로 판명되어 철회됐다. 그렇다고 미세플라스틱이 위험하지 않은가? 그런 뜻이 아니다. '위험할 수 있다'는 게 (지금까지 나온) 개연성이 있다. 작은 입자라서 항상 들이마실 수 있고, 그로 인해

몸속에 흡수되어 위험할 수 있다는 개연성. 이러한 개연성을 입증하기 위해 많은 연구가 필요하다. 실제 우리가 노출되는 수준을 고려한 연구들이 진행되어야 할 것이다. 어떤 연구자는 세포에 엄청나게 많은 양을 노출시킨 다음 '봐라, 세포로 침투됐다'고 얘길 한다. 그런데 한꺼번에 많은 양을 노출하면 당연히 세포는 죽는다. 그렇게 과잉된 양으로 실험하면 우리가 믿어야 할지, 안 믿어야 할지 모르는 상황이 된다. 당장 1~2년 안에 성과가 안 나오더라도, 일반적인 환경 노출수준을 고려한 실험을 설계하고 진행할 필요가 있다. 결과를 도출하는 데 오랜 시간이 소요될 것이다. 그래도 연구는 장기적으로 진행되어야 하고, 정부는 (미세플라스틱 위험성 관련 실험을) 이해하고 계속 밀어줘야 한다."

또 정부가 해야 할 일은 뭘까.

"우리가 이제 스코프 3(Scope 3. 기업 외부에서 발생하는 간접 온실가스 배출량까지 포함하는 개념. 국제적 흐름에 따라 우리 기업도 공시 의무화를 요구받고 있다)까지 관리해야 하지 않나. (제품이 소비되고 폐기물이 된 뒤) 마지막 단계까지 탄소 배출량을 모니터링해야 하는데, 아직 우리의 인벤토리(배출 목록)가 거기까지 안 만들어졌다. 다시 만들어야 한다.

예를 들어 면이라고 하면, 이 면이 재배될 때부터 들어가는 물의 양과 탄소량, 또 섬유를 뽑아서 우리가 옷을 가공하고, 팔고, 입고, 수거함에 넣고, 입고 난 옷이 수출되고, 분류되고, 그 뒤에 배출되는 것까지. 노인요양시설로 가는 헌 옷도 있을 거고 국외로 나가는 헌 옷도 있을 텐데 그 이동 과정에서 나오는 배출량, 비행기나 선박에서 나오는 것까지 다 모니터링해야 할 거다. 의류폐기물에 대한 정책이 나라별로 다 다르기 때문에, 목록도 국가별로 다르다. 이 전체 과정을 옷을 제조해 판매하는 기업이 혼자 모니터할 수 있을까? 어렵기 때문에 정부가 해야 한다. 뉴질랜드가 2022년부터 그 작업을 시작했다고 들었다. 예산이 수천만 달러에 달한단다."

교수님의 최근 관심사는 뭔가.

"환경공학은 설루션을 찾아야 하는 분야다. 우리가 '다 재활용하자' '내가 입었던 옷 죽을 때까지 입고 내 아들도 입게 하자' 하면 물론 이상적이다. 그런데 그게 가능한 얘긴가? 나는 아들이 입은 뒤 철 지나서 안 입는 옷을 그냥 입고 다닌다. 하지만 모든 사람들이 다른 사람이 입던 옷을 착용하진 않을 것이다. 많은 옷들이 버려질 수 있다. 당연하지 않나? 내가 계속 질문을 던지는 건 '에너지 효율의 관점에서 사용 후 제품을 전환할 수 있는 기술이 뭐가 있는가'다. 폐의류든 음식물 쓰레기든 폐플라스틱이든, 재활용을 위해 물질의 순도를 높이려고 하면 많은 양의 에너지가 소비된다. 이것만이 옳은 길인가. 폐기물 자체에서 에너지를 회수하면 더 효율적이지 않을까? 오스트리아의 한 시멘트 회사는, 폐기물을 태우면서 나온 에너지를 시멘트 생산에 활용했다. 시멘트를 생산할 때 일정 부분은 폐플라스틱을 연료로 사용하기도 했다. 그렇게 하면서 시멘트 생산 전 과정을 평가해봤더니, 석유 등 화석연료를 태워 시멘트를 생산하던 기존 방식보다 탄소가 25퍼센트 저감됐다더라. 오스트리아는 환경운동이 활발하고 환경규제 압박도 강한 나라다. 우리 입장에서 보면 '플라스틱을 태우다니 저게 친환경이야?' 싶을 수 있는데, 에너지회수 관점에서 보면 다른 것이다. 배출되는 가스를 포집해 적절하게 처리하면 된다. 재활용하는 것처럼 하다가 수출해서 우리 국경 밖으로만 내보내면 그만인가? 오히려 그것이 전 지구적으로 볼 때 비환경적이며 폐기물 기반 열회수 관련 환경산업의 발전을 저해하는 것이다. 과거의 비위생적 소각으로 인한 환경오염에 대한 기억으로 금기시되고 있는 폐기물 기반 에너지회수를 넓은 의미의 재활용으로 인정하고, 기술개발과 적용을 고려할 때라고 본다."

3부

죄책감은 수거함에,
우리가 처리할게

패스트패션 기업이 내세우는 '재활용' '친환경' 정책. 어쩌면 성립조차 되지 않는 말일 수 있다. 세계 의류 생산량은 2015년 기준 매년 800억 벌에 달하는데, 이는 20년 전보다 4배나 증가한 수치다(다큐멘터리 〈더 트루 코스트〉). 이렇게 폭발적인 의류 생산 증가를 이끈 것이 '빠르게 만들어서 빠르게 소비한다'는 패스트패션(일명 SPA) 기업들이다.

　패스트패션이 이끈 의류 생산 증가는 기후위기를 불렀다. 한국노동연구원이 펴낸 《기후위기와 일의 세계》(2021)를 보면, 패션산업이 섬유를 1톤 생산할 때 200톤의 물을 쓴다. 또 패스트패션 의류에 많이 쓰이는 폴리아마이드의 경우 섬유 1킬로그램당 160킬로와트시의 에너지를 사용한다. 제조 공정까지 1만 5000가지 이상의 다양한 화학물질을 사용하며 환경오염을 유발한다. 의류를 생산하는 노동자들은 위험한 환경과 저임금에 노출되어 있고, 동물권을 해치는 생산방식도 여전하다. 2024년 엘런맥아더재단 보고서를 보면, 전체 생산 섬유의 80퍼센트가 폐기되어 환경오염을 유발한다. 많은 옷의 생산은 많은 비윤리의 생산을 뜻하는 셈이다.

그렇다면 패션 기업들이 내세우는 환경친화 정책은 어떻게 봐야 할까. 시도 자체는 의미가 있지만, 기업들이 제대로 된 책임을 다하는지는 지켜볼 필요가 있다. 우리는 특히 헌 옷을 수거해 재사용을 돕겠다고 밝힌 패션 기업들의 재활용 정책을 추적기를 활용해 검증해봤다. 아울러 '폐페트병으로 의류를 만들겠다' '탄소배출을 줄이겠다'는 등 기업들의 친환경 마케팅 또한 믿을 수 있는지 추적했다.

패션 기업 수거함에 넣은 옷은 아프리카에서 발견됐다

"수거된 물품 중 다수에 새 생명을 불어넣을 수 있습니다."

 글로벌 패스트패션 브랜드 H&M은 2013년부터 매장 내에 헌 옷 수거함을 설치했다. 기업의 사회적책임과 친환경을 강조하는 정책이다. 계산대에서 헌 옷을 건네면 일정 금액 이상 구매 시 다음 쇼핑에 사용할 수 있는 쿠폰을 지급하기도 한다. H&M 쪽은 수거된 의류와 직물 중 약 8퍼센트만 폐기된다고 말한다. 나머지는 재사용, 재판매, 재활용된다. 그뿐만 아니다. 자라, 유니클로 등 패스트패션업체 또한 이런 형태로 의류를 수거한다. 유니클로는 "옷의 새로운 여행"이라며 수거한 옷을 재활용하겠다고 말한다. 자라도 "더는 입지 않는 옷을 넣어주세요. 새로운 주인을 찾아드립니다"라는 긍정적 슬로건을 내건다. 비영리단체와 함께 프로젝트를 진행한다고 홍보하기도 한다. 대량생산으로 의류가 제대로 재활용되지 않는다는 비판을 의식해 이를 '친환경' 이미지로 전환하기 위한 기업 정책이다.

개발도상국에 '옷 쓰레기 산'을 만들고 있다는 지적을 받는 패스트패션 기업은 이런 프로젝트들로 옷의 재활용에 '기여'한다고 말한다. 실제로 패스트패션 기업의 수거함에 담긴 헌 옷들은 어디로 향할까.

우리는 이를 확인하기 위해 헌 옷에 추적기를 달았다. 그리고 서울 시내 패스트패션 브랜드 매장에 설치된 수거함에 넣었다. H&M은 7벌, 자라에 6벌, 유니클로에 4벌을 실험 대상으로 넣었다. 패스트패션 기업은 아니지만, 브랜드 매장 내 수거함을 설치한 나이키에도 의류와 신발 6개를 넣어 실험했다. 수거함을 설치하지 않은 다른 브랜드의 경우에는 실험을 할 수 없었다.

2024년 8~9월 중 수거함에 옷을 넣었고, 1년이 흘렀다. 수거함에 넣은 옷들이 아프리카와 동남아로 이동했다. 먼저 H&M 수거함에 넣은 옷 7벌 중 4벌이 국외에서 발견됐다. 옷이 수출된 국가는 우간다와 세네갈, 말레이시아였다.

동아프리카에 있는 우간다에서 발견된 티셔츠는 서울 중구의 H&M 수거함에서 출발했다. 2024년 8월 16일 투입된 이 중고 티셔츠의 경우, 4일 만에 경기 이천시의 물류 창고로 이동했다. 이후 11월 17일께 말레이시아의 클랑항 인근 창고에서 발견됐다. 클랑항은 싱가포르와 인접한 대규모 항구다.

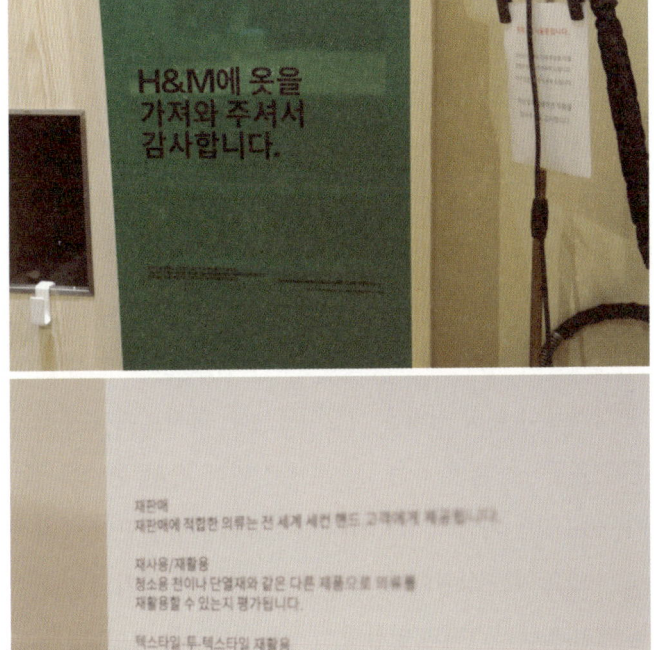

패스트패션 브랜드 H&M 매장 안에 설치된 의류 수거함.

2025년 1월 중순 이 티셔츠는 아프리카 케냐 몸바사 항구로 이동했다가, 2025년 2월 10일에는 우간다 캄팔라의 시 외곽 인근에서 발견됐다. 앞서 옷이 말레이시아 클랑항에 있었을 때는 H&M이 자체 시스템에 따라 이 의류를 재활용할 가능성도 있었다. 하지만 우간다로 이동한 옷이 있는 곳은 공터 또는 민가 주변 도로로 보인다.

H&M 셔츠는 서아프리카의 세네갈로도 이동했다. 2024년 말 경기도 동부의 한 H&M 매장에서 출발한 이 옷은 출발 두 달 뒤에 말레이시아의 클랑항에서 발견됐다. 말레이시아는 경유지였던 것으로 추정되는데, 6개월 뒤 다시 이 옷이 세네갈의 다카르로 이동했다. 역시 구글 스트리트뷰를 통해 살펴보니 해당 지역은 시장이었는데, 다카르에서 중고의류를 유통하는 업을 하는 곳으로 추정된다. 한편, 현지에서는 이 옷들 절반 가까이가 폐기돼 환경오염을 유발한다는 지적도 나오고 있는 상황이다. 합성섬유인 옷들은 폐기되고 소각될 때 미세플라스틱과 발암성 가스가 나온다는 것이다.

H&M 수거함에 넣은 또 다른 의류 2벌은 말레이시아에서 발견됐다. 말레이시아에서 발견된 옷들은 항구 주변에 있다. 말레이시아를 경유해 다른 나라로 이동할 가능성도 크다. 앞서 확인한 것처럼 이 옷들도 아프리카나 인도, 인도네시아 등으로 향할 것으로 보인다. 말레이시아를 거쳐 아프

리카로 향한 사례가 있었고, 전체 통계에서 말레이시아를 경유해 인도와 인도네시아로 이동한 옷들이 발견됐었다. 인도네시아와 인도 등 다른 개발도상국으로 이동하는 경우도 많다. 실제로 우리가 만난 수출업체 대표는 "말레이시아로 가는 옷들은 대부분 인도네시아로 이동한다"고 말했다.

물론 헌 옷이 단순히 국외로 이동했다는 사실 자체만으로 자원순환에 반드시 부정적이라고 말할 순 없다. 다만 의류가 개발도상국으로 이동했다는 점은 패스트패션 브랜드의 매장 수거함 속 의류가 제대로 처리되고 있는지 의문을 남긴다. 수출업자 ㅈ씨는 "(분류 등 작업에 드는) 인건비가 저렴하니 이동한 것으로 보인다. 매장 안의 수거함에는 넣을 때 다른 사람 보는 눈이 있으니 품질이 아주 낮지는 않을 것"이라면서도 "(매립, 소각 등 문제로) 일단은 각자 나라에서 중고의류를 처리하는 게 맞다. 결국 (패스트패션 기업의 이런 행태는) 개발도상국에 (쓰레기를) 넘기는 개념이다. 이런 내용을 내세워서 '우리가 좋은 일을 한다'고 말하는 것은 바르지 않다고 본다"고 말했다. 개발도상국에서 옷을 매립하거나 소각할 경우 부족한 오염방지 기술과 제도로 인해 더 많은 탄소를 배출할 가능성이 크다는 게 ㅈ씨의 말이다.

옷들이 국외로 가는 이유에 대해 문의하자 H&M 쪽은 "한국 매장 헌 옷 처리를 글로벌 모기업 본부 차원에서 진행한다. 본부가 계약을 맺은 재활용·분류 업체가 선별 작업을 하기에 국외에 모인 것"이라고 답해왔다.

하지만 우간다와 세네갈에 간 옷들이 도착한 곳과 그곳의 상황을 살펴보면, H&M이 헌 옷 수거함을 촘촘하게 관리한다는 설명은 신뢰하기 쉽지 않다. 오정미 부산대 기후과학연구소 교수는 "아프리카로 이동한 옷이 제대로 된 시스템에 따라 재활용되기는 어려울 것"이라고 말했다. 이윤희 기후변화행동연구소 부소장도 "국외로 이동했어도 중고의류가 합법적인 방법으로 소각되거나 재활용돼야 한다. 현재 위치인 아프리카로 이동한 것을 보면, 옷들이 제대로 관리되지 않고 현지 중고업체에 판매될 가능성도 있다"고 지적했다.

자라의 수거함에 넣은 옷은 어떨까? H&M과 결과가 별반 다르지 않다. 전체 6벌을 수거함에 넣었는데, 역시나 2벌이 국외에서 발견됐다. 2벌 모두 북아프리카의 튀니지에서 위치 신호를 보내왔다. 서울과 경기도의 백화점과 몰에 있는 자라 매장에서 수거된 옷들은 국내 물류 창고를 거치더니 6개월쯤 뒤 튀니지로 이동했다. 수거된 바지는 튀니지 내륙의 실리아나 지역에 있었고 수거된 셔츠는 튀니지 북동부 해안 아리아나에서 발견됐다. 구글 스트리트뷰 기준으로 해당 주소가 어떤 장소인지는 알기 어려웠다. 국외로 이동한 옷 외에도 수출될 것으로 보이는 옷들이 있었다. 자라의 수거함

패스트패션 브랜드 자라 매장 안에 설치된 의류 수거함.

속 옷 중에는 충청도의 한 물류 창고로 이동했다가, 부산신항으로 이동한 것도 있다. 수출될 가능성이 크다.

자라는 수거함에 넣은 옷들을 특정 재단에 '기부'하는 것으로 홍보한다. 특정 재단이 국외로 옷을 기부하는 단체여서 기부를 위해 이런 경로로 이동하는 것으로 보인다. 여기서 패스트패션 기업의 수거함 속 헌 옷이 국외로 기부되는 경우에도, 이 과정을 '친환경'으로 봐야 할지 의문이 생긴다.

전문가들은 헌 옷이 제대로 재사용되는 일은 필요하다면서도, 패스트패션 기업이 단순히 이 정도로 사회적책임을 다한다고 말하기는 어렵다고 본다. 대량생산으로 환경오염을 유발하는 기업이 일부 옷을 수거해 기부한다고 해서 쉽게 버려지는 옷들의 문제가 사라지진 않기 때문이다. 정주연 다시입다연구소 대표는 "옷을 국외로 보내는데, 그 나라들이 개발도상국인 경우가 많다. 이런 기부들이 그 나라 섬유산업을 저해해서 근본적인 해결책이 안 된다는 문제가 있다"고 말했다.

자라의 모기업 인디텍스는 "국외로 이동하는 옷의 처리 과정을 제대로 확인하는지"에 대해 묻자 "수거된 제품이 매립지로 보내지는 것을 방지하고 있다. (협력업체와 합의한) 구체적인 조항, 수출이 금지된 국가 리스트가 있다"고 답했다. 인디텍스는 이어 "매립은 최대한 피해야 하며, 이 비율은 수거된 제품 전체 중량의 5퍼센트를 초과해서는 안 된다는 규정도 있다"고 밝혔다.

정리하면, H&M과 자라의 수거함 옷 모두 최소 절반 이상이 국외 수출되거나 기부되는 사실이 확인됐다. 이 밖에 유니클로와 나이키에 넣었던 의류는 국내의 항구와 물류창고에 있거나 추적 불능이었다.

특히 국외에서 발견된 옷 6벌 중 4벌이 아프리카로 향했다. 앞서 언급되었듯이, 아프리카는 패스트패션 산업이 성장하며 헌 옷으로 오염되고 있다. 세네갈, 우간다, 튀니지 현지 언론들에서는 모두 이런 문제의식을 담은 기사들이 있다. 2025년 6월에 보도된 아프리카 언론 기사[*]를 소개한다.

"몇 가지 쓸모 있는 옷 아래에는 손상되고 얼룩져 팔 수 없는 옷들이 산더미처럼 쌓여 있습니다. 바로 글로벌 패스트패션 산업에서 버려진 옷들입니다. (…) 공중보건에 미치는 영향은 심각합니다. 합성 폐기물을 노천에서 태우는 것은 호흡기 질환과 관련이 있으며, 특히 어린이와 시장 상인들에게서 많이 발생합니다. 아크라의 올드 파다마와 같은 임시 거주지에서는 폴리에스터가 녹는 냄새가 공기 중에 영구적으로 스며들

---

[*] 서아프리카 주간지 보도(2025.6.) https://westafricaweekly.com/fast-fashions-dumping-ground-how-west-africa-is-drowning-in-second-hand-clothing-waste/

었습니다. 이건 자선이 아닙니다. 낭비적인 식민주의입니다. 우리는 북반구의 패션 실수를 버리는 곳이 아닙니다."

아프리카 국가로 헌 옷을 떠넘기는 것은 그 국가의 의류 산업도 저해하는 일이다. 자국에서 직접 생산한 옷이 수입된 헌 옷보다 비싼 현상 탓에 성장이 저해되고 직물 회사에서 수요 감소로 노동자를 해고하는 등 비극적 현상도 나타난다. 아프리카 여러 국가들에서 헌 옷의 대량 수입을 금지하기 위한 논의가 이어지고 있다.

옷들이 제대로 관리되지 않고 개발도상국으로 향하는 실태를 살펴보면, 패스트패션 기업의 중고의류 수거 정책은 더 차별화된 방안이 필요하다. '쓰레기 박사' 홍수열 자원순환사회경제연구소 소장은 "의류 수거함에 버리지 말고 매장으로 가져오라고 했다면, 일반적인 헌 옷보다 더 책임 있게 유통하는, 개선된 방법을 보여줘야 한다. 매장에 수거함만 갖다 놓으면 끝나는 문제가 아니다"라며 "우리나라의 헌 옷이 순환 정책에 기여한 바가 없다면 문제"라고 했다.

이런 우려를 의식했는지, 패스트패션 기업은 '녹색' 폐기물 수거 정책을 제시하기도 한다. H&M은 수거된 옷과 원단의 약 8퍼센트만 에너지회수 목적 위주로 폐기하겠다고 말한다. 68퍼센트가 재판매되고, 23퍼센트는 세척 천이나 단열재 등으로 바뀌고, 1.2퍼센트는 새 섬유로 만들어진다고 강조한다. 또한 자라는 "재사용 및 재활용이 어려운 제품은 엄격한 폐기물 관리 과정에 따라 처리한다"고 말한다. H&M과 자라, 유니클로 모두 탄소배출 감소와 재생 원료 사용 증가 등의 대책도 내놨다. 정주연 대표는 "제시하는 내용이 투명하고 명확하지 않다. 온전히 믿기는 어렵다"며 "재활용 과정에서도 화학약품 처리 등 또 무언가를 만들어낸다는 점에서 대안은 아니다. 의류를 재판매한다고 해도 판매업자가 이를 다 팔지 않고 버리는 것이 있을 것"이라고 지적했다.

다른 회사는 어떨까? 그나마 수거함이 있는 기업은 노력을 시작했다는 점에서 상황이 낫다고 볼 수 있다. 국내 패스트패션 기업들의 경우엔 대부분 의류 폐기물 수거함이 없다. 이를 포함해 자원순환 정책이 부족한 실정이다. 국내 패스트패션업체들에 한국의 중고의류 수출 문제와 자원순환에 관해 물었더니 다음과 같은 답변이 돌아왔다.

> "스파오, 미쏘, 후아유 등 다양한 브랜드에서 환경 영향을 최소화하고 폐기되는 섬유와 소재를 활용한 업사이클링 제품군을 확대하겠다. (…) 재고를 최대한 적게 보유해 재고를 소각하는 일이 없게 하는 게 목표다."
>
> (이랜드, 스파오, 미쏘, 후아유)

"폐의류 재활용, 지속 가능한 소재 활용 및 친환경 상품을 통한 환경보호 인식 확대 등을 하고 있다."

(신성통상, 탑텐)

"답변이 어렵다."

(삼성물산, 에잇세컨즈)

정주연 대표는 "우리나라 기업은 환경문제를 두고 아직 문제의식이 없기에 자원순환에 대해 기업들이 관행대로 해오던 정책을 유지한다"고 지적했다.

이윤희 기후변화행동연구소 부소장은 일부 기업들이 자원순환 정책으로 제시하는 '재생섬유 개발' 또한 현재는 대안이 되기 어렵다고 본다. "소각되고 매립됐을 때 환경문제를 일으키지 않고 자연적인 물질로 생분해돼서 영향을 덜 미치는 소재를 생분해 소재라고 하는데 이 소재에 대해서 기대를 많이 하고 있어요. 일정 부분 기후변화 문제를 해결하는 데 굉장히 중요한 수단이라고 생각은 해요. 하지만 거기에만 기대기에는 지금 기술 발전 속도와 생산 단가 문제 등 장애요인이 너무 많아요. 그래서 옷으로 인한 환경문제 해결에는 (패스트패션 기업이) 생산량 자체를 줄여야 하는 거죠."

친환경 패션 마케팅, 소비자를 두 번 속인다

'1퍼센트 미만'

글로벌 패션 브랜드 팀버랜드 COO 출신인 케네스 퍼커 터프츠 대학 플레처스쿨 교수가 밝힌 의류의 최종 재활용 비율이다. 재활용 기술의 한계와 높은 비용 등으로 인해 생산한 옷을 재활용하기

다시입다연구소 대표 정주연.

는 어렵다는 얘기다. 또한 그는 재활용 과정에서도 환경문제가 발생한다고 분석한다.

이런 상황에도 국내외에서는 기업이 '재활용' '친환경' 의류를 홍보하는 일이 많다. 제대로 재활용되는지, 되더라도 환경적 피해를 줄이는 게 맞는지 정확한 언급은 없다. 지속 가능한 의생활 문화를 위해 일하는 시민단체 다시입다연구소를 이끄는 정주연 대표는 이런 행위들을 '그린워싱'(친환경과 거리가 있음에도 녹색경영을 표방하는 행위)이라고 지적해왔다. 기업이 소비자를 속이지 않고, 환경을 파괴하는 옷 생산자로서 책임을 가져야 한다고 강조했다. 아울러 "유럽처럼 그린워싱을 검증하는 조직체가 있어야 한다"고 말했다. 또한 패스트패션 기업의 대량생산으로 인해 중고 옷이 개발도상국으로 이동해 폐기되고 있으며, 생산자들이 책임을 져야 한다고 했다.

그린워싱은 무엇인가.

"그린워싱은 기업이 제품을 만들어 녹색, 친환경, 생분해, 재활용 같은 문구를 넣어 '그린마케팅' 하는 걸 말한다. 과학적으로 입증되지 않았는데도 그런 말들을 적어 가치소비와 착한소비를 추구하는 소비자를 현혹한다. 마치 '이 제품이 친환경적이다'라는 이미지를 덮어씌워 세탁하는 것을 말한다."

국외에서 그린워싱으로 논란이 된 사례가 많은가.

"국외의 H&M 같은 경우 친환경 의류 라인을 만들어놓고 봤더니 전혀 친환경적이지 않았다. 오히려 플라스틱이 더 사용된 게 (알려지며) 네덜란드나 미국에선 고발이 들어갔다. 스포츠 (의류) 브랜드에서도 재활용률이 낮음에도 마치 다 재활용된 것처럼 홍보한 사례도 있었다."

기업들이 '친환경 재활용 재생섬유다'라는 식으로 광고하며 그린워싱을 하면 소비자들에게 미치는 영향이 큰가.

"그렇다. 소비자들은 '이게 친환경적이겠지, 더 비싸도 환경에 좋은 걸 사야지' 생각하며 산다. 결국은 그게 친환경적이지 않다고 하면 (소비자들에게) 사기 치는 것이다. 그렇게 되면 (소비자는) 시장에 대한 신뢰를 잃어버린다. 그런 경우 실제로 친환경적으로 만들고 노력하는 기업들에 큰 손해가 가고 시장에 왜곡이 생긴다. 그러면 ESG 기업의 친환경 경영, 사회적책임, 투명한 지배구조 생태계가 망가진다. 소비자들의 신뢰도를 급격히 떨어뜨려 시장까지 망가뜨리는 것이 그린워싱이다."

유럽에서는 그린워싱 검증과 단속에 대한 논의가 활발하다. 2022년 영국 패스트패션 브랜드 부후(Boohoo)가 친환경으로 포장한 '미래를 위한 준비(Ready for the

Future)'라는 컬렉션을 내놓았지만, 이 옷들이 친환경적이라는 증거를 내놓지 못했다. 영국경쟁시장청(CMA)은 이런 문구가 소비자를 속였을 가능성을 두고 조사했다. 영국의 SPA 브랜드 아소스(ASOS)와 슈퍼마켓 브랜드 아스다(ASDA)도 모호한 문구로 친환경을 내세웠지만, 이에 걸맞은 정책을 펴지 않은 혐의로 조사받았다. 혐의가 확인된 패션 대기업 세 곳은 그린워싱을 인정하고 부랴부랴 '오해의 소지가 있는 표현을 하지 않는다'는 서약을 했다. 영국은 2024년부터 이런 행위에 대한 처벌을 강화하기 위해 그린워싱 혐의가 확인되면 전 세계 매출의 최대 10퍼센트의 벌금을 부과한다. 유럽연합 또한 그린워싱을 규제하는 규정을 2024년에 만들고, 2026년까지 도입하기로 했다.

그러나 한국에서는 논의가 지지부진하다. 강득구 더불어민주당 의원실이 환경부에서 제출받은 자료를 보면, 2019년부터 2024년 8월까지 그린워싱 적발 건수는 총 1만 62건(전체 기업 기준)이다. 이 중 99.5퍼센트(1만 13건)에 아무런 구속력이 없는 '행정지도'가 내려졌다."

영국에서는 정부가 '패션업계의 그린워싱 단속을 강화하겠다'는 입장을 낸다는데 국내에선 조처가 미흡한 것 같다.

"우리나라 정부나 소비자들이 친기업적이고, '경제가 더 중요하다'는 인식이 있는 것 같다. (…) 그린워싱이라는 용어가 잘 알려지지 않을 정도로 아직 인식에 많이 녹아 있지 않은 것 같다. 프랑스나 영국을 비롯해 유럽연합에서는 그린워싱을 규제하는 법이 만들어져 발 빠르게 움직이고 있다. 반면 우리나라는 그린워싱이라는 용어 자체, 그린마케팅에 대한 인식이 아직 많이 없고 규제도 잘 이뤄지지 않고 있다. 강력한 규제나 법적 제재가 가해지지 않는다. 영국 같은 경우엔 그린워싱 관련 (법) 위반 시 기업 대표자가 징역도 산다. 그에 반해 우리나라는 아직 (규제가) 미흡하고 기업들도 (그린워싱에 대한) 인식이 없다. '(그린워싱) 해놓고 걸리면 걸리는 거고, 걸려도 벌금 안 무는데' 정도로 생각한다."

한국에서도 강한 단속이 필요하다고 보는가.

"그렇다. 과태료나 벌금이라도 물게 해야 하는데 권고 조치 정도로 끝나서 안타깝다. 2023년에 환경부에서 노력한 것 같은데 아직 이뤄지지 않고 있다."

그린워싱 검증 방법 자체가 한국에서는 부족한 것 같다. 어떤 형태가 되어야 한다고 생각하는가.

"유럽연합은 그린워싱을 방지하는 위원회가 있다. 그린워싱을 지속적으로 검증하고 객관적이고 과학적인 근거를 통해 친환경적인 광고를 하도록 규제하는 조직체가 있어야 한다."

유럽에서 그린워싱을 규제한다고 하니 국제적으로 어떤 분위기 변화가 감지되는가.

"유럽연합은 옷이 어떻게 만들어지는지 투명성을 따지며 그린워싱의 기준을 만들어나가고 있다. 그런 기준에 우리 기업 제품이 부합하지 않으면, 한국 옷은 그 지역으로 수출하기 어려워질 것이다. 그렇기 때문에 유럽에서 먼저 규제를 시작했지만, 우리를 포함한 다른 나라도 결국 발맞추게 될 것 같다. 다만 우리나라 패션 기업들은 유럽보다 중국에 수출 물량이 많다고 해서 (그린워싱을) 의식하지 않을 수도 있다. 결국 소비자들이 먼저 나서거나 법적 제재를 하는 것이 중요하다."

한국 패스트패션 기업 일부는 비영리재단에 중고 옷을 기부하고, 개발도상국에 보내는 걸 마케팅한다. '친환경' 개념을 넣어 개발도상국에 한국 중고 옷을 수출하거나 기부하고 있다.

"국외로 나가더라도 60퍼센트는 재판매되고 40퍼센

트 정도는 폐기되는 것으로 알고 있다. '60퍼센트나 순환되고 재판매된다니까 다행이지 않으냐'고 생각할 수도 있다. 하지만 아프리카의 경우에는 헌 옷 수입이 쏟아지면서 자국의 섬유산업이 발전을 못 하고 있다. (…) 그래서 르완다, 가나, 우간다, 케냐는 헌 옷 수입 금지령을 내렸다. 선진국에서 '우리 옷 쓰레기 안 받아주면 너희 경제 제재 가하겠다'라고 해서 몇몇 나라는 할 수 없이 금지령을 풀었다. 프랑스는 국외로 헌 옷 수출하는 것을 금지하는 법안을 내놓고 있다. 유럽연합에서도 2030년까지 관련 법을 만들어 헌 옷을 다른 나라에 떠넘기는 국가 간 양극화 현상을 없애자는 움직임이 있다. 우리나라는 아직 그런 인식이 없어서 헌 옷을 수출하면 '그 나라도 좋고, 우리나라도 좋다'고 생각한다. 실제로는 그 나라도 반기지 않는다. 헌 옷으로 기부하는 시대는 지났다고 본다. 저렴한 새 옷이 넘쳐나는 세상이다. 새 옷이 있어도 품질이 안 좋아서 몇 번 못 입고 버리게 된다. 새 옷 재고도 소각되고 매립되는 상황에서 헌 옷을 기부한다는 건 어불성설이다."

개발도상국 중고 옷 시장이 커지는 게 무조건 나쁘다고 볼 수 있느냐는 시각도 있다.

"중고 옷 시장이 점점 커지고 있다. 순환 경제 사회에선 중요한 일자리창출 수단이 될 수 있다. 그러나 옷이 너무 허접스럽게 만들어진다는 게 문제다. (개발도상국에서) 중고 옷을 판매하더라도 입을 수 있는 온전한 옷이 판매되어야 하는데, 일회용 옷이 만들어지는 게 문제다. 또한 옷을 재활용해서 실로 뽑아내는 것도 결국 에너지와 인적자원이 투입된다. 결국 제품 생산단계에서 패션 기업들이 잘 만드는 게 중요하다고 생각한다."

기업이 옷의 유통부터 끝까지 책임져야 한다는 의미인가.

"지금은 이윤극대화를 위해 무조건 많이 만들어 팔고, 남은 옷은 다 폐기 처분하는 상황이다. 결국엔 대량생산을 잡아야 한다. 적정량만 만드는 게 더 값이 들어서 대량생산 뒤 대량폐기 되고 있다. 그래서 패션 기업들이 옷을 끝까지 책임지려면 적정량만 만들어내고, 질 좋게 만들어서 오래 사용할 수 있게 하고, 쓰다가 고쳐야 하는 상황이 생겼을 때 수선을 가능하게 하는 시스템을 만드는 것이 중요하다. 정부 차원에서 제재를 가할 수 있는 건 '생산자책임재활용제도(EPR)'*를 도입하

＊ Extended Producer Responsibility. 생산자와 판매자에게 폐기물 회수 및 재활

는 것이다. 프랑스는 2007년부터 의류 EPR 제도가 도입되며 기금이 모이고 환경부 산하 조직에 있는 EPR 공정 처리 업체가 60개가 넘는다. 재사용, 재활용, 업사이클링까지 모든 게 재활용되고, 소각하는 경우에도 에너지자원으로 사용될 수 있도록 시스템을 만드는 게 중요하다. 지금은 컨트롤타워도 없고 민간에 맡겨진 상황이어서 문제가 심각하다고 본다."

재고 폐기 금지법과 생산자책임재활용제도가 국내에서 도입되는 데 여러 우여곡절이 있다.

"지금 환경부를 비롯해 정부에서 섬유에 대한 생산자책임재활용제도를 도입할 의지가 거의 없다. (…) 지금 우리나라는 헌 옷 수출 4~5위 국가다. 환경에 대한 문제의식 없이 옷을 무분별하게 입고 만들어내는 나라가 우리나라다. 그래서 섬유에 관련한 생산자책임재활용제도는 너무나 필수적이다. 경각심을 가졌으면 좋겠다."

용 의무까지 부여하는 제도.

옷을 사고 버리는 일과
누군가의 아픔

■
박준용

헌 옷 수거함에 옷을 버리고 돌아서면, 그 옷을 잊었다. 꽤 후련하다는 마음까지 들었다. 낡고 유행이 지난 옷을 보는 시각적 고통과 먼지에서 해방되어서일까. 사고 싶은 옷을 두기 위한 공간도 넓어진다.

하지만 수거함 속 옷의 최후를 확인해나가는 과정에서 옷을 버리는 마음은 무거워졌다. 또한 언젠가 버리게 될 옷을 사기도 조심스러워졌다. 내가 입고 버린 옷은 누군가의 삶과 연결되어 있다는 걸 알게 됐기 때문이다. 먼 나라의 누군가가 고통을 받고 있었다.

먼저 옷이 만들어지는 과정을 보자. 헌 옷의 처리뿐 아니라 의류의 생산부터 노동착취와 인권침해가 숨어 있다. 패스트패션, 울트라 패스트패션 기업의 옷값이 이렇게 싼 이유는 개발도상국의 노동자들이 저임금 문제와 인권침해를 겪으며 옷을 만들고 있기 때문이다.

옷 생산의 기초가 되는 면화 재배부터 저임금과 아동노동이 만연하다. 미국 인권 단체 트랜스페런텀 조사*에 따르면 인도 마디아프라데시주에서 14살 미만의 많은 아이들이 면

＊ 트랜스페런텀(2025.1.) https://transparentem.org/report/india-from-field-to-fabric/

화 농장에서 일하고 있다. 제대로 된 교육의 기회를 받지 못하고, 가족의 생계를 책임진다. 이들은 살충제를 직접 뿌리거나, 살충제가 뿌려진 농장을 무방비로 마주한다. 건강 위험에 노출되는 일은 다반사다. 호흡기 질환, 메스꺼움, 피부병과 같은 문제를 달고 사는 일도 흔하다. 인도뿐 아니라 우즈베키스탄 등 다른 나라의 면화 생산과정에서도 같은 문제들이 제기된 적 있다.

옷을 만드는 과정도 노동착취의 연장선이다. 2025년 KBS 〈추적 60분〉 '패션업계가 감춰온 옷값의 비밀' 편을 보면, 캄보디아의 패션업체 하청 공장 봉제 노동자는 최저임금도 받지 않고 하루 11시간 동안 재봉틀 앞에서 일한다.

학교를 그만둔 16살 아이는 "아버지가 편찮으셔서" 일을 한다. 그 국가 최저임금의 절반에도 일을 시작해서 14만 원의 월급을 받는다. 임신과 출산을 하면 일을 그만둘 각오를 해야 한다. 육아휴직도 쓰지 못한다. 고용보험이나 건강보험도 없다. 패스트패션 브랜드들은 하청, 재하청을 거쳐 비용 절감을 위해 개발도상국에 있는 이런 공장들에게 일을 맡긴다.

비극적인 일은 이뿐이 아니다. 의류 노동자들은 안전하지 않은 작업환경에서 일한다. 방글라데시에서 일어난 라나 플라자 참사는 이런 상황을 보여주는 사례였다. 방글라데시 수도 다카에는 수십만 명의 노동자가 글로벌 패션 브랜드들의 하청 공장에서 일한다. 그중 하나인 라나플라자 빌딩에서 역시 수천 명의 노동자가 일하고 있었다. 하지만 8층 높이의 건물은 노동자가 일하는 도중이던 2013년 4월 24일, 붕괴됐다. 1134명이 숨지고 수천 명이 다쳤다. 이 사고는 예방 가능했다. 바로 하루 전, 건물 구조에 큰 균열이 발견됐다. 건물 출입을 금지해야 했음에도 일부 공장 소유주들은 노동자들에게 다음 날 복귀하라고 명령했고 결국 많은 이들이 옷을 만들다 목숨을 잃었다. 노동자들의 열악하고 위험한 노동환경을 발판 삼아 옷이 만들어지고 있다는 점을 보여준 사례였다.

  12년이 지난 지금도 상황은 크게 달라지지 않았다. 패션 브랜드들은 여전히 이 상황을 방치한 채 개발도상국 의류 공장에 하청을 맡겨 이윤을 거둔다. 그곳 노동자가 처한 상황을 알면서도 눈감는 것이다.

자, 이제야 옷은 의류 매장에 진열된다. 그 옷들은 누군가 사서 입는다. 그리고 버린다. 최근에는 패스트패션의 성장으로 이 일이 더 빠르고 잦아졌다. 옷이 소비되고 버려진 이후에는 우리가 추적해온 이야기가 시작된다. 개발도상국의 누군가가 옷을 다루게 된다는 점에서 생산과정과 다르지 않다.

수거함에서 수거된 옷의 분류는 국내에서도 이주노동자가 맡는 경우가 많다. 이 공장들은 주로 도심에서 떨어진 곳에 있는 데다, 최저임금 수준으로 임금도 낮은 편이다. 교외 지역에 공장들이 있고, 누군가 '버린' 옷이다 보니 먼지와 냄새도 심하다.

누군가 입고 버린 옷은 국외로 떠나 또 다른 아픔을 낳는다. 우리가 살펴본 대로다. 153개의 옷과 신발에 달린 추적기는 말레이시아와 인도, 필리핀, 타이, 인도네시아, 튀니지, 볼리비아, 우간다, 세네갈, 가나 등으로 이동했다. 그렇게 개발도상국으로 떠난 옷은 재활용되거나 매립되는 과정에서 그 지역을 오염시켰다.

특히 많은 한국 옷은 인도 '헌 옷의 수도' 파니파트로 향하고 있다. 이곳은 헌 옷을 재활용해 담요와 커튼 등을 생산하는 것으로 유명하다. 하지만 옷의 색깔을 빼는 재활용 공장에서는 독성물질이 든 폐수를 무단으로 방류한다. 방류 지점 인근 심라구지란에 사는 크리산 랄 샤르마는 이로 인해 혈액암을 앓고 있다. 이 마을에는 마비 증세가 오거나 심각한 피부병을 겪는 이들이 400여 명에 달한다.

한국의 신발들이 향하는 타이 아라냐쁘라텟에서도 비슷한 일이 일어나고 있다. 신발들은 이 지역 중고품 시장인 롱끌르아에 갔다가, 팔리지 않으면 거대한 매립지에 버려진다. 쓰레기에서 나오는 유독가스 때문에 매립지에 화재가 자주 발생하고 주민들은 고통을 겪는다. 이런 매립지 화재로 이산화황이 다량 배출되고, 인근 주민 폐암 발생 위험을 높인다는 연구 결과도 있다.

개발도상국으로 옷 쓰레기를 보내지 않기 위해서는 대량생산 시스템이 바뀌어야 한다. 의류 제조기업이 필요한 만큼 옷을 만들게 하고, 생산 제품의 처리 과정에 책임지게 해야 한다. 또한 재고를 폐기하지 못하게 해야 한다. 프랑스, 네덜란드 등 유럽 국가에서는 이를 규정한 제도들이 마련되고 있다. 하지만 한국에서는 이에 대한 논의가 멈춰 있다. 정부는 연구용역을 통해 제도의 도입 필요성을 확인하고도, "장기적 검토가 필요하다"라고만 말한다.

과연 미뤄도 되는 문제일까. 옷을 사고 버리는 일은 '지구를 아프게' 하는 것은 물론이고 '사람을 아프게' 하는 일이다. 그 아픔이 주로 먼 나라에서 발생해 잘 보이지 않을 뿐이다.

지금 이 순간에도 대량생산과 대량소비는 이어지고 있다. 한국 패션 시장 규모는 49조 5000억 원으로 성장세를 거듭하고 있다. 이제 한국은 '패션 강국'이라고 불리기도 한다.

'패션 강국'이라는 명성은 어쩌면 먼 나라의 아픔에 더 책임을 가져야 한다는 뜻일 수 있다. 우리가 이토록 무심해도 되는 걸까. 세계 헌 옷 수출 4~5위인 한국은 그 아픔에 크게 일조하고 있는데도 말이다.

4부

불태운 빈폴 새 옷 38억 원어치…
삼성물산 '검은 그린워싱'

빈폴·갤럭시·구호 등 브랜드를 운영하는 삼성물산 패션부문(옛 제일모직, 이하 삼성물산)이 2024년에만 129톤이나 되는 재고 의류를 불태운 것으로 확인됐다. 삼성물산은 해마다 재고 상품 소각량을 늘려왔는데, 삼성물산을 비롯한 패션 대기업들이 '친환경' 마케팅을 하며 뒤에서는 재고 의류를 소각한다는 점에서 '그린워싱'을 하고 있다는 지적이 제기된다.

2025년 10월 23일 〈한겨레21〉은 이학영 더불어민주당 의원실로부터 국내 패션 대기업 3사인 삼성물산, 한섬, 엘에프(LF)의 재고 의류 소각 현황 자료를 입수했다. 각 기업이 의원실에 제출한 자료를 보면, 2022년부터 2024년까지 3년 동안 삼성물산은 연평균 106.7톤, 한섬은 41.6톤을 소각했다. 엘에프는 2023년부터 2024년까지 2년 동안 연평균 45톤을 불태웠다.

이미지가 환경오염보다 중요한가

각 대기업은 재고 의류 폐기가 부르는 환경오염에 대한 논의가 이어지는 와중에도 소각량을 줄이지 않은 것으로 나타났다. 특히 삼성물산은 2022년 94톤, 2023년 97톤의 재고 의류를 태웠는데, 2024년에는 직전 2년 평균인 95.5톤보다 1.4배 많은 양인 129톤을 불태웠다. 엘에프 또한 2023년 40톤, 2024년 50톤의 재고 의류를 소각했고, 2025년에는 상반기에만 30톤을 불태웠다. 한섬은 2022년 41.1톤, 2023년 32.8톤, 2024년 51톤의 재고 의류를 소각했고, 2025년에는 상반기에만 10.5톤을 불태웠다.

재고 의류를 불태우면 기부·재사용·재활용할 때보다 탄소를 더 많이 배출하게 된다. 이뿐 아니라 미세먼지와 중금속 등 유해 물질과 다이옥신과 퓨란 등 독성 화학물질이 나와 대기오염을 가중한다. 삼성물산의 재고 의류는 경기도 평택시의 한 소각업체에서, 엘에프의 재고 의류는 경기도 안산시의 한 회사에서 소각하고 있다. 오정미 부산대 기후과학

2024년 11월 20일 경기도 평택시의 한 소각장에 태워질 옷들이 놓여 있다.
해당 소각장에서 삼성물산 패션부문 주요 브랜드의 재고 의류가
소각되는 것으로 추정된다.

연구소 교수는 "해당 회사들은 상당히 많은 양의 옷을 태우고 있고, 소각 시 탄소와 유독가스가 많이 배출될 것"이라고 말했다.

기업들이 재고 의류를 불태우는 이유는 브랜드의 '고가' 이미지를 유지하기 위해서다. '싸게 팔거나 기부하느니 태우자'는 전략이다. 삼성물산의 주요 브랜드별 최근 3년 치 소각 내용을 보면, 빈폴 재고 의류는 37억 9000만 원, 갤럭시는 36억 5000만 원, 구호 34억 1000만 원, 로가디스 32억 8000만 원 상당이다. 이 브랜드들은 판매가 100만 원이 넘는 외투 제품이 있고, 재킷도 40만 원 이상으로 책정하는 고가~중간가 전략을 유지하고 있다. 2018년 명품 브랜드 버버리가 약 422억 원 규모(코트 2만 벌 정도)의 의류와 액세서리 등을 불태워버려 논란이 됐는데, 이 역시 한국의 패션 대기업들처럼 '고가 전략'을 유지하기 위해서였던 것이 드러나 비판을 샀다. 정주연 다시입다연구소 대표는 "고가의 옷이 안 팔려서 재고로 남았다고 하면 이미지가 떨어질까 우려한 것"이라고 했다.

뒤에선 의류 소각, 앞에선 '친환경 의류'

패션 대기업들은 이렇게 보이지 않는 곳에서 재고 의류를 소각하면서 보이는 곳에선 친환경 마케팅을 하고 있다. 삼성물산은 2020년 "패션산업의 지속가능성 증진이라는 공통 목표를 달성하기 위해" 협력사와 함께 환경 서약서까지 작성했다고 홍보했다. 특히 빈폴은 실제로는 3년간 재고 의류를 37억 9000만 원어치나 소각해놓고도 친환경 브랜드로 마케팅해왔다. 2022년에는 재생 소재로 옷을 만든다고 발표했고, 2020년에는 '빈폴이라 쓰고 친환경이라 읽는다'라는 제목의 보도자료를 냈다.

패션부문
`빈폴`이라 쓰고 `친환경`이라 읽는다

◇ 친환경 및 재활용 가능한 소재 사용한 'B-Cycle' 라인 상품 출시
◇ 자체 개발한 폐 페트병/어망 충전재 사용한 점퍼, 베스트 등 내놔
◇ 멘/레이디스/키즈 등 지속가능성 철학 반영한 상품 지속 선보일 터

대한민국 대표 트래디셔널 캐주얼 브랜드 빈폴이 지속가능 브랜드에 걸맞게 친환경 소재를 활용한 다양한 상품을 선보였다.

삼성물산 패션부문의 빈폴은 2020년을 친환경 상품 출시의 원년으로 삼고, 멘/레이디스/키즈 등 대표 브랜드를 중심으로 한 친환경 라인 '비 싸이클(B-Cycle)'을 출시했다고 21일 밝혔다.

빈폴은 지난해 론칭 30주년을 맞아 지속가능 브랜드로 거듭나기 위해 상품 뿐 아니라 매장, 비주얼 등 브랜드 이미지를 올해부터 완전히 탈바꿈한다고 선포한 바 있다.

삼성물산 패션부문이 2020년 낸 보도자료.

유럽은 2026년부터 재고 옷 폐기 못 해

이 때문에 재고 의류 폐기를 금지하고 의류 폐기물에 대한 처리를 생산 기업이 책임지게 하는 생산자책임재활용제도 도입이 시급하다는 목소리가 나온다. 명품 브랜드의 재고 의류 소각이 논란이 된 뒤, 유럽은 2026년부터 판매되지 않은 옷과 신발 등을 폐기하지 못하도록 하는 제도를 도입했다. 또한 섬유제품에 대한 EPR도 2025년 9월 유럽의회를 통과해 도입을 앞두고 있다. 이에 따라 앞으로 유럽의 의류 기업은 판매한 상품을 수거하고 재활용하는 비용도 내야 한다.

    한국에서 이 논의는 초기 단계다. 제21대 국회에서 장혜영 전 정의당 의원이 의류재고폐기금지법을 발의했으나 임기 만료로 폐기됐다. 제22대 국회 들어 기후에너지환경노동위원회 소속 김태선, 이학영 민주당 의원 등이 재고 폐기를 금지하고 의류 기업이 폐기물 처리 비용을 부담하게 하는 법안을 발의한 상태지만, 상임위원회의 문턱을 넘지 못했다.

    환경부는 의류 폐기물 저감을 위해 민간 기업과 함께

2025년 6월 의류 환경협의체를 꾸렸다. 삼성물산, 엘에프, 한섬 등 패션 대기업 3사는 이 협의체에 참여하지 않다가 최근에야 뒤늦게 삼성물산만이 참여 의사를 밝힌 상태다. 이학영 의원은 "써보지도 못한 옷을 태워 없애는 것은 사회적 낭비"라며 "재고 폐기 금지와 의류 생산자책임재활용제도 도입 등으로 생산단계에서부터 의류 폐기물 저감 노력을 시작해야 할 것"이라고 말했다.

삼성물산 "과도한 생산 지양", 엘에프 "재고 줄이기 노력"

삼성물산은 소각량을 늘린 이유를 두고 "기획단계부터 과도한 생산을 지양하고 있으며, 완전판매를 목표로 사업을 운영하고 있다"며 "2024년 소각량이 증가한 것은 이상고온현상과 판매 부진에 따른 영향이 컸다. 최종적으로 연평균 소각되는 재고는 생산량의 1퍼센트 수준"이라고 해명했다. 그린워싱 논란을 두고는 "그린워싱으로 인식될 만한 불필요한 홍보마케팅 활동을 하지 않을 것"이라고 덧붙였다. 엘에프도 "데이터 기반의 정교한 수요예측 시스템을 통해 의류 생산 전 과정에서 과잉재고 발생을 줄이기 위해 노력하고 있다"고 밝혔다. 한섬은 "재고 의류로 업사이클 제품을 만드는 등 폐기물 감축을 위해 노력할 계획"이라고 했다.

49조 의류산업,
환경과 공존하라!

오염을 만든 자가 그 피해에 대한 금전적 책임도 진다. '오염자 부담 원칙'은 1972년 OECD가 채택한 환경정책의 기본 원칙이다. 이 원칙은 각국 환경 관련 법의 근간이 되고 있다. 하지만 이 원칙이 한국의 의류산업에서는 지켜지지 않는다.

한국은 약 49조 5000억 원 규모의 의류산업을 보유한 국가다. 옷 대량생산 과정은 많은 자원을 쓰는 데다 환경오염을 유발한다. 또한 재고·중고 의류의 수출은 개발도상국의 옷 '쓰레기 산'을 만드는 원인이 된다. 하지만 한국에는 아직 옷을 팔아 이득을 본 기업이 이 오염을 복구하거나 재활용하는 책임을 지게 하는 생산자책임재활용제도가 없다.

이에 반해 유럽연합은 프랑스를 중심으로 생산자책임재활용제도를 도입해 옷을 팔아 이득을 본 기업에 책임을 지우는 추세다. 프랑스는 2007년 의류 생산자책임재활용제도를 시작했다. 프랑스는 중고 섬유 수거율을 2028년 60퍼센트까지 높이고, 합성섬유를 90퍼센트 이상 함유한 중고 섬유의 경우 재활용률을 2028년까지 90퍼센트로 높이겠다고 계획했다. 이 과정에서 프랑스는 의류 회사가 의류 폐기물 처리와 재활용에 관한 비용을 부담하도록 제도화했다.

이런 국제적 흐름은 한국 의류산업의 국제 경쟁력과도 관련이 있다. 의류 재활용 현황을 연구한 장용철 충남대 환경공학과 교수는 "우리나라는 수출 주도형 국가이다 보니, 당연히 (이 변화를) 준비해야 한다"고 말한다. 한국에서는 왜 이런 논의가 여전히 막혀 있을까. 한국이 '옷에 책임지는 사회'가 되기 위한 방법은 무엇일까.

'생산자책임재활용제도', 의류는 왜 빠졌나

의류가 다시 의류로 재활용(섬유 순환, Fiber to Fiber)되는 비율은 전 세계적으로 약 1퍼센트에 불과하다. 이에 반해 의류 생산과정에서 발생하는 온실가스는 전 세계 온실가스 발생량의 약 10퍼센트에 달하고, 발생하는 산업폐수량도 전체 산업폐수의 약 20퍼센트에 이른다. 이에 유럽연합은 프랑스를 중심으로 옷을 팔아 이득을 본 '제품 생산자'에게 제품에 대한 '재활용 의무'를 부여하는 제도를 도입하는 추세다. 생산자에게 옷을 설계하는 단계부터 재활용이 가능한 섬유를 만들게 하고, 수거된 중고 섬유 선별 비용을 부과하는 등 재활용 시스템을 만드는 데 일조하게 하는 게 핵심이다.

우리나라는 어떨까. 국내에도 생산자에게 일정량의 재활용 의무를 부여하고 이를 지키지 못할 경우 재활용에 소요되는 비용을 부과하는 제도가 있지만, 적용 대상에서 '의류'는 빠져 있다. 환경부는 연구용역을 맡겨 "섬유 및 의류제품을 최종 판매하고 있는 섬유 패션 브랜드 및 판매자가 폐기물부담금 납부 대상자로 지정되는 것이 타당하다"는 결론(장용철 충남대 환경공학과 교수 연구팀, '품목별 재활용제도 개선방안', 2023.9.)을 보고받았지만, 대응에는 소극적이다. 환경부는 "(의류의) 생산자책임재활용제도 도입은 중장기적 검토가 필요한 사항"이라며 "현재 섬유 패션 브랜드 및 판매자 쪽에 취하려는 별도의 조치는 검토하고 있지 않다"고 밝혔다.

정부가 2022년 충남대 연구팀에 용역을 맡긴 이유는 최근 유럽연합 국가들의 규제 흐름과 무관치 않다. 2007년 의류 생산자책임재활용제도를 시작해 중고 섬유 수거율을 2028년 60퍼센트까지 높이고, 합성섬유를 90퍼센트 이상 함유한 중고 섬유의 경우 재활용률을 2028년까지 90퍼센트로 높이겠다는 프랑스의 목표치 달성에 중요한 역할을 하는 건 생산업체다. 생산업체는 프랑스 환경 규정에 따라 생산자책임기구에 제품을 등록해야 하고, 생산자책임기구는 폐기물 처리 등에 관한 비용을 산정하고 징수 대상 기업의 재활용 의무를 대리 수행하게 한다.

2023년 7월부터 의류에 생산자책임재활용제도를 적용한 네덜란드는 프랑스보다 되레 속도가 빠르다. 2025년까지 섬유제품의 50퍼센트를 재사용 또는 재활용, 2030년까지는 섬유제품의 75퍼센트를 재사용 또는 재활용, 2050년까지는 모든 직물을 재활용해 지속 가능하게 생산하는 게 목표다. 또한 프랑스처럼 섬유 수거 및 재활용에 드는 비용을 기업이 분담하게 했다. 수출 주도형 경제구조인 한국의 의류와 섬유와 화학 업계도 주목할 수밖에 없는 상황이다.

이에 장용철 충남대 환경공학과 교수 연구팀은 우선 "재고 제품의 직접적인 소각 및 매립"을 금지해야 한다고 제언한다. 또 기업들이 생산단계부터 제품 관리 체계를 마련해 제품의 친환경성을 높여야 한다고 지적했다. 기업이 제품의 내구성 향상, 소재 단순화, 미세플라스틱 발생 방지 소재 사용, 친환경적 공정 관리 등에 앞장서야 한다는 것이다. 기업이 출고량이나 탄소배출량 등 환경적 정보를 투명하게 공개하고 재활용 기술개발을 지원해야 한다고도 밝혔다.

하지만 환경부는 연구용역 결과를 받은 지 2년 1개월이 지났음에도 여전히 생산자책임재활용제도 도입에 소극적이다. 환경부는 왜 생산자책임재활용제도를 도입하지 않는지에 대한 〈한겨레21〉의 질문에 2024년 12월 "폐의류의 생산자책임재활용제도 도입을 목적으로 두고 용역을 시행한 것이 아니라 국내외 현 상황을 파악함과 동시에 중장기적 로드맵 구상 차원으로 해당 용역을 수행했다"고 답했다. 또 "선결과제에 대한 사회적 합의 및 재활용 기반 구축이 어느 정도 마련된 뒤 생산자책임재활용제도 도입 검토가 가능하다. 폐의류의 경우 시장성이 확보되거나 상용화된 재활용 기술이 없고, 재활용 시장 또한 대부분 중고의류 수출에 머물러 있으며, 공제조합 또한 설립돼 있지 않아 생산자책임재활용제도의 도입은 중장기적 검토가 필요한 사항"이라고 설명했다.

환경부 관계자는 2025년 9월에도 "수출할 수 있는 중고 의류를 제외한, 버려져야 하는 폐의류들에 대해 재활용 가능성을 시험해보고 있다"며 "고형 연료 제조, 열분해 등 실험을 진행 중인데 이를 통해 재활용 가능성이 좀 더 확인되고 나면 폐의류 EPR 제도 도입에 대한 절차도 진행할 수 있다. 지금은 기초 작업 단계"라고 말했다.

한국 환경부의 이런 대응은 국외의 분위기와 대조적이다. 유럽연합 국가들은 상용화된 폐의류 재활용 기술이 확보되지 않은 상태에서도 강한 규제에 나섰고, 국내 및 국외 기업들은 스스로 살길을 찾기 위해 관련 기술자들에게 연락, 시스템을 개발하기 위해 기술을 구매하는 등 움직임에 나서고 있다. 예를 들면 한국화학연구원 조정모 박사는 2023년 폐의류 염료의 화학적 성질을 이용해 재활용 원료를 분리할 수 있는 선별 기술, 선별된 폐합성섬유를 합성 이전의 단량체 원료로 되돌리는 재활용 기술을 개발했다고 밝혔는데, 이후 프랑스와 미국 등 선진국의 유명 패션 기업이나 화학 회사들로부터 기술 상용화와 관련한 문의를 수차례 받았다. 유럽 내 기업과 거래하는 국내 의류, 섬유, 화학 업체들도 그에게 기술 상용화를 문의해 오고 있고, 몇몇 대기업은 조정모 박사가 기술이전을 한 기업 '리뉴시스템'과 계약을 논의하고 있는 단계다. '리뉴시스템' 쪽은 아직 상용화에 이르진 못한 파일럿 단계지만, 시장성을 높이기 위해 노력 중이라고 설명했다. 유럽 국가들은 '시스템이 만들어지면 규제하겠다'는 자세가 아니라, '규제를 만들어 기업들이 선도적으로 기술을 개발하고 시스템을 만들게 하겠다'는 자세를 취하고 있다.

조 박사는 "유럽 기업들은 강화된 '지속가능한 제품 설계' 압박을 받고 있어, 공급망 협업을 강화하고 순환경제 전환 과정에 조기대응하면서 재활용 시장을 선점할 가능성이 높다"고 말했다.

대체로 영세한 규모인 의류 수거 및 재활용 업체 관계자들의 생각은 어떨까. 섬유 재활용 단체 관계자는 "저개발 국가들의 중고의류 수용량이 한계를 넘어선 상황이라 갑자기 국내 의류 수거 재활용 업체들이 국외로 의류를 수출하기 어려워지는 상황이 올 수 있어 정부가 빨리 대비에 나서야 한다"고 말했다. 그는 "국내 업체들이 인건비 지급에도 어려움을 겪고 있다"며 "인도네시아는 이미 정부 차원에서 중고의류 수입을 막고 있어서, 말레이시아로 옷이 수입된 뒤 인도네시아로 뿌려지는 형태가 됐다. 패스트패션 때문에 의류 폐기물은 계속 발생하고 줄어들지 않을 텐데 앞으로 다른 나라에서도 수출이 막히면 우리나라 안에서 어떻게 그 많은 폐의류를 소화할지 의문"이라고 말했다.

특히 그는 현재 헌 옷이 '의류 수거함에서 영세 재활용업체로, 재활용업체가 수출한 뒤 저개발국가로, 저개발국에서도 팔리지 못하면 매립지로' 가는 상황과 관련해 "인력, 자본, 기술력 모두 부족한 영세한 업체들이라 민간 차원에서 이 시스템을 바꿀 구조를 만들긴 어렵다"고 호소했다. 정부가 생산자책임재활용제도를 도입해야, 의류 및 섬유 대기업이 남긴 이윤이 재활용 업계에 지원금 형태로 들어올 수 있고, 관련 기술이나 시스템도 구축할 수 있다는 것이다.

정 사무국장은 "중고의류 수출이 유일한 재활용 방책인데, 현실에선 환경부도 중고의류 수출 회사가 얼마나 있는지 실태 파악이 안 되어 있다"고 말했다.

장용철 교수 연구팀의 보고서 역시 "유럽연합 회원국은 공통적으로 2025년까지 자국 내 별도 규정에 따라 의류, 섬유 폐기물 수거 시스템을 구축할 의무가 있다"라며, 우리나라도 안정적인 국내 재활용 체계를 구축하기 위해선 "국내 재활용업체는 매우 영세한 수준으로, 경제적 지원과 기반 마련이 필수적"이라고 분석했다.

　국내 폐섬유 및 폐의류 발생량 규모는 막대하다. 장용철 교수 연구팀의 보고서를 보면 2021년 기준으로 1년간 생활계에서만 47만여 톤의 폐섬유가 나왔다. 전국 약 10만 개에 이르는 의류 수거함과, 패스트패션 브랜드 매장에 설치된 의류 재활용함은 '의류가 잘 재활용되고 있다'는 착시를 불러일으키지만 현실은 달랐다. 생활계 폐섬유의 66퍼센트가 소각됐고, 22퍼센트가 매립됐으며, 재사용과 재활용은 11퍼센트에 그쳤다.

　그러나 입법부의 움직임은 더디다. 제21대 국회에서 장혜영 정의당 의원이 의류재고폐기금지법을 발의한 적이 있다. 기업이 브랜드 이미지를 관리하려고 새 상품인 재고 의류를 소각 폐기하는 걸 금지하는 법안이었다. 명칭은 재고 의류를 순환자원에 포함하도록 하는 '순환경제사회 전환 촉진법 일부개정안'이다. 그러나 이 법안은 제대로 논의되지도 못한 채 제21대 국회 임기가 끝났다.

　제22대 국회 상황도 별반 다르지 않다. 김태선 더불어민주당 의원이 관련 법안 3개를 발의했으나* 국회 환경노동

＊　재고 의류를 사업장 재고 폐기물로 정의하고 발생량을 의무적으로 신고하게 하는 '폐기물관리법 개정안', 신고된 물량은 폐기를 금지하는 '순환경제사회 전환 촉진법 일부개정안', 생산자에게 재활용 의무를 지우는 생산자책임재활용제도 품목에 의

위원회에서 진전은 없다. 김태선 의원실은 "국내 의류 기업들은 업계 어려움과 해외 SPA 브랜드의 책임 등을 이야기하며 반발이 심하다"며 "2025년 말 의류업계와 해법을 논의하는 자리를 마련하기로 했다"고 설명했다. 김태선 의원실은 우선 의류 환경과 관련한 각계가 논의할 자리를 마련하기 위해, 환경부, 다시입다연구소, 전문가 등과 입법 관련 토론회를 연 바 있다.

류를 포함하는 '자원의 절약과 재활용촉진에 관한 법률 개정안'을 말한다.

재고 의류 헐값에 파느니 태우자?

한 번도 사용하지 않은 재고 의류를 소각하는 건 의류산업 종사자들 사이에서 공공연한 비밀이다. 기업은 팔지 못한 재고가 있다는 사실을 알리고 싶어 하지 않고, 재고를 너무 헐값에 정리하면 브랜드 이미지가 훼손되기 때문에 '대외비' 속에 재고 의류를 소각한다. 재고 소각에 대한 신고 의무도 없어서, 정부는 정확한 규모도 파악하지 못하고 있다.

국내 의류산업 종사자들은 이에 대해 어떻게 생각하고 있을까? 기후변화행동연구소와 함께 국내 의류산업 종사자 77명을 대상으로 '폐의류 처리 및 재활용 현황'에 대해 설문조사를 했는데, 약 80퍼센트가 '재고폐기금지법이 필요하다'고 답했다. 특히 기업 입장에서는 부담이 될 수 있어 정부가 도입을 망설이는 '생산자책임재활용제도'에 대해서도 약 70퍼센트가 그 필요성을 느끼고 있었다.

이번 설문조사는 생산, 디자인, 판매, 기획, 유통 등 의류산업 내 다양한 분야에 종사하는 관계자들을 대상으로 진행

됐다. 조사에서 여전히 많은 기업이 재고 의류를 처리할 때 '폐기'에 크게 의존하고 있으며, '재활용 기술 부족'과 '정책적 지원 부재'가 그 걸림돌인 것으로 나타났다.

의류산업 종사자들에게 기업의 연간 생산량 대비 재고 비율을 묻는 항목에서 응답자의 67.5퍼센트는 '재고 비율이 10~30퍼센트에 이른다'고 답했다. 더 나아가 16.9퍼센트의 응답자는 '재고 비율이 30~50퍼센트에 이른다'고 밝혀, 상당량의 의류가 실제로 소비되지 않고 재고로 남는다는 점을 확인할 수 있었다.

그렇다면 재고 의류는 어떻게 처리되고 있을까. 설문 결과를 보면, 기업들은 여전히 폐기에 의존하는 경향이 높았다. 매립과 소각을 포함해 폐기하는 경우가 전체 응답 중 43.3퍼센트(중복 응답 포함 총 97개)를 차지했다. 재활용 비율은 52.6퍼센트로 소폭 앞섰지만, 세부 내용을 보면 의류가 완전히 재활용된다고 확신할 수 없다. 폐의류를 재활용하는 주요 방법이 무엇이냐는 질문에는 재활용 관련 업체에 판매한다는 응답이 가장 많았고(34.1퍼센트), 기부(14.4퍼센트)와 자체 재활용(4.1퍼센트)이 뒤를 이었는데, 실상은 수출업체에서 저개발국으로 수출된 뒤 소각되는 의류가 많은 것으로 나타났다.

많은 의류 기업이 친환경 브랜드 이미지를 홍보하면서 소비자들은 헌 옷이나 재고 옷 재활용이 활성화된 것처럼 느끼지만, 여전히 많은 기업이 체계적인 시스템 없이 대응하는 것으로 나타났다. 응답자의 11.7퍼센트는 재고 의류를 '재활용하지 않는다'고 답했고, 재활용 규모를 파악하지 못한다는 응답자도 많았다. 연간 폐의류 재활용 추정 규모에 대한 질문에는 77명 중 26명(33.8퍼센트)만이 답변했으며, 51명(66.2퍼센트)은 '모르겠다'며 답변하지 않았다.

폐의류 재활용이 활성화되지 못하는 이유에 대해 의류산업 종사자들은 '기술력 부족'과 '시스템 미비'를 가장 큰 문제로 꼽았다. 설문 결과, 전체 응답자 중 41.5퍼센트가 '재활용 섬유 관련 기술력 부족'을 1순위 장애요인으로 지목했다. 그다음은 '재활용 시스템의 미비'(33퍼센트)였고, '시장 지원 정책의 부재'(25퍼센트)가 뒤를 이었다.

최근 선진국과 글로벌기업들은 패션산업 내 자원순환 정책을 강화하고 있다. 의류를 생산한 기업에 재활용 비용을 묻고, 재고 소각을 금지하는 등 법을 강화하는 추세다. 이에 대한 국내 기업의 대응과 인식을 묻는 말에서 55.9퍼센트의 응답자는 '글로벌 규제가 자사에 영향을 미친다'고 답했다. 그러나 규제 압박을 체감하는 수준이 절박할 만큼 높진 않은 것으로 나타났다. 응답자 중 절반 이상이 규제 압박을 체감하는 수준이 '크다'(40.3퍼센트) 또는 '보통'(37.7퍼센트)이라고 답했으며, '매우 크다'(15.6퍼센트)고 답한 비율은 상대적으로 낮았다. 특히 한 응답자는 "중국산 저가 의류를 규제하지 않는다면 국내 기업에 대한 역차별과 환경문제는 해결되지 않을 것"이라고 지적했다. 또 다른 응답자는 "폐의류 외에도 패션 잡화류에 대한 조사와 규제가 필요하다"고 말했다.

글로벌 규제가 실효성을 거둘 수 있을지에 대한 질문에서도 다수의 응답자가 회의적 입장을 보였다. 응답자의 33.8퍼센트는 '선진국 내에서만 자원순환이 활성화될 것'이라고 전망했으며, 24.7퍼센트는 초저가 의류를 생산하는 '개도국 시장과의 경쟁력 문제로 실질적인 성과를 내기 어려울 것'이라고 답했다. 특히 10년 이상 시간이 필요하다고 예상한 비율도 14.3퍼센트에 달했다.

그럼에도 유럽연합 국가 등이 선제적으로 도입하고 있는 생산자책임재활용제도에 대해서는 긍정적인 답변이 다수였다. 응답자의 70.1퍼센트는 '해당 제도가 필요하고 실효성이 있다'고 답했다. 재고폐기금지법에 대한 필요성은 더 높게 나타났다. 응답자의 80.5퍼센트가 해당 법안의 필요성을 인정했고, 이를 통해 의류 폐기물 문제를 더 적극적으로 해결해야 한다는 인식이 있었다.

조사를 진행한 이윤희 기후변화행동연구소 부소장은 "종사자분들이 아무래도 기업에서 일하는 분이다 보니 회사의 속사정까지는 얘기하지 못하지만, 개인적으로는 환경문제를 인식하고 있고 관련 제도도 필요하다고 생각하는 것으로 확인됐다"고 밝혔다. 그는 다만 "자원순환의 장애요인으로 '재활용섬유 관련 기술력 부족'이 1위로 나왔는데 재생 원료가 만병통치약은 아니다"라며 "생분해 소재가 일정 부분은 기후변화를 해결하는 중요한 수단이지만, 기술 발전의 속도나 단가 등 장애요인이 너무 많아 (의류) 생산량 자체를 줄여야 한다"고 제언했다. 이윤희 부소장은 "욕조의 물이 차오를 때, 밑에 배수구를 확장하는 방법도 있지만 그것만으로는 한계가 있지 않나. 일단 수도꼭지에서 나오는 물 자체를 줄여야 하는데, 그 부분에 대한 인식은 아직 좀 부족한 상황"이라고 평가했다.

물리적으로 안 되면 화학적으로 풉니다

의류산업은 전 세계 온실가스 배출량의 약 10퍼센트를 차지할 정도로 환경에 미치는 영향이 크다. 그에 반해 의류 폐기물이 새 옷으로 재활용되는 경우는 1퍼센트 미만이다. 왜 이렇게까지 재활용 비율이 낮을까.

문제는 '합성섬유'다. 패스트패션 브랜드들은 저렴하고 내구성 좋은 폴리에스터, 나일론, 스판 등의 합성섬유를 옷 만드는 데 적극 활용하는데, 이 옷들은 너무 많은 소재가 뒤섞여 있어 일일이 물리적으로 분리하기가 힘들다. 재활용 원료를 만들기 위해선 재질별로 분류하는 게 최우선인데, 버리는 옷마다 다양한 재질의 실들이 촘촘하게 뒤섞여 있으니 정확하게 분류하기가 힘든 것이다. 또 천연섬유에 비해 잘 썩지도 않아, 분해까지 최장 200년이 걸리는 것으로 알려졌다.

그래서, 한국화학연구원의 조정모 박사는 '물리적 재활용'이 아닌 '화학적 재활용'에 주목했다. 혼합 폐섬유에서 폴리에스터 섬유만을 화학적으로 선별해내고, 원료와 유사한 재생단량체(합성섬유를 분해해 다시 사용 가능하게 만든 기본 재료) 형태로 만들어 재활용하는 기술을 개발한 것이다. 그는 "우리가 흔히 혼방(성질이 다른 섬유를 섞어서 짬)이라고 하는 의류 천을 구성하는 실 자체가 여러 재질로 꼬여 있는 경우가 많은데, 굉장히 복잡한 고분자 구조라 물리적으로 풀어 재활용하는 건 거의 불가능하다고 생각했다"고 설명했다. 한국의 의류 재활용 기술이 어디까지 왔는지 살펴보기 위해, 대전 한국화학연구원에 있는 조정모 박사 연구실을 찾아갔다.

연구실에 들어서자 국내 의류 관련 대기업들이 의뢰한 옷감이 연구실 선반에 놓여 있었다. 조 박사는 "기업들이 기능성 소재인 옷을 들고 와 이런 합성섬유도 재활용할 수 있냐고 의뢰한다"며, 합성섬유로 만들어진 옷들이 어떤 전처리와 화학적 재활용을 거쳐 원료가 될 수 있는지 설명했다.

우선 합성섬유를 재생단량체로 만들기 위해선, 염료를 빼는 것부터 시작해야 한다. 그런데 이 과정이 쉽지 않다. 의류의 색깔은 햇빛이나 세탁기, 건조기에도 잘 지워지지 않아야 해서 강력하게 착색돼 있기 때문이다. 조 박사는 섬유와 염료가 갖는 화학적 성질에 착안해 유색 혼방 섬유에 특정 추출제를 적용해 색이 빠지게 했다. 특히 이때 추출제를 적용하면, 폴리에스터만 탈염되고 다른 소재들엔 색이 남도록 했다. 혼방 비율이 높을수록 화학적 재활용에 반응성이 떨어지기 때문에, 이런 방식으로 폴리에스터를 분리해 회수하게 한 것이다.

다음은 화학적 재활용 과정을 거친다. 연구팀은 '저렴한 촉매'를 이용해 폐폴리에스터 섬유를 빠르게 분해해 단량체를 제조할 수 있는 기술을 개발했다. 기존에도 폐폴리에스터를 화학적으로 분해해 재융합하는 이른바 '해중합' 기술은 존재했다. 그러나 섭씨 200~400도의 고온 기술을 이용해야 해 경제성이 떨어졌다. 이에 반해 조 박사가 개발한 해중합 기술은 저온에서 제품 생산이 가능해 경제성이 우수하다. '저렴한 촉매'와 '저온'을 이용한다는 장점이 있다는 것은, 상용화 가능성이 커졌다는 의미다. 이에 국내 기업 '리뉴시스템'은 한국화학연구원으로부터 기술이전을 받아 이미 설비를 만들고 있다. 리뉴시스템 관계자는 "옷을 분해해 단량체를 만들고, 이 칩 형태를 화학적 실로 뽑아 온전한 해중합 원사를 생산하려 하고 있다. 내년도 상용화가 목표"라고 설명했다.

화학적 재활용 기술에 주목하고 있는 건 한국화학연구원과 리뉴시스템만이 아니다. '텍스타일리'라는 환경 분야 스타트업도 폐기되는 폴리에스터 혼방 섬유를 페트 소재로 재생산하는 기술을 상용화하고 있는 기업이다. 공동환 텍스타일리 대표는 "해중합과는 다른, 여러 고분자 중에서 원하는 고분자만 녹여내는 '고분자 표적 추출'이라는 기술에 착안해, 기술을 상용화해나가고 있다"고 말했다. 고분자 표적 추출 기술은 폐혼방 섬유 속에서 원하는 소재만 선별적으로 추출해 재활용할 수 있고 추가적인 재중합 과정이 필요 없어, 해중합 기술보다 경제성이 우수한 기술로 평가받는다는 게 이들의 설명이다.

하지만 의류 재활용 기술에는 이런 '섬유-섬유' 형태만 있는 것은 아니다. 유럽 국가들은 화학적 재활용 기술로 고품질 섬유를 재생산해 순환 경제 시스템을 만드는 것에 중점을 두고 있지만, 한편에서는 폐섬유로 건축자재를 만드는 등 다운사이클링 기술도 만들어지고 있다.

전남대 이방연 건축학부 교수, 김영상 토목공학과 교수 연구팀이 만든 '녹색 콘크리트'도 그중 하나다. 2024년 11월 6일, 이 연구팀은 "폐섬유를 활용해 친환경적이면서 높은 성능을 지닌 콘크리트를 개발하는 데 성공했다"고 밝혔다. 방탄조끼 등 폐섬유를 활용해 개발한 이 콘크리트는 일반 콘크리트보다 2.5배 이상의 압축강도(84메가파스칼), 1000배 이상의 변형 성능(10퍼센트 이상)을 보여줬다. 이방연 교수는 "기존의 고성능 콘크리트가 가진 단점은 조그마한 변형이 가해져도 깨져버리는, 도자기나 유리 같은 성질을 보인다는 것이었는데 섬유를 잘 넣어서 제조하자 이런 성질이 많이 개선됐다. 방탄조끼 등 특수 용도 원단을 취급하는 기업이 생산과정에서 많은 원단이 버려지는 데 문제의식을 느끼고 연락을 해, 연구하게 됐다. 내가 사면 킬로그램당 6만 원 정도 되는 소재인데, 기업은 오히려 폐기하기 위해 돈을 내고 있었다"고 설명했다. 다만, 이 기술은 당장은 상용화가 어려운 상황이다. 이 교수는 "상용화에서 가장 중요한 건 '균질한 품질관리'인데 섬유 원단들이 워낙 하나하나가 작아 균질하게 분산시키기 쉽지 않다. 연구 결과가 쌓여나가다 보면 가능해질 수 있다"고 덧붙였다.

건축 구조재(건물의 뼈대를 세울 수 있는 콘크리트 등)가 아닌 비구조재(외벽 타일, 마감재, 유리, 칸막이 등) 형태의 재활용에 힘쓰는 기업도 있다. '세진플러스'라는 국내 기업은 섬유 폐기물을 이용해 고밀도 친환경 패널을 만들어 건축에 활용한다. 폐현수막 등 폐섬유를 수거, 분리한 다음 파쇄, 압축 공정을 통해 패널을 생산한다.

기존의 의류 수거함, 중고의류 수출 시스템을 개선하려는 시도도 있다. '그린루프'라는 스타트업은 스마트기기형 의류 수거함(페이웃 의류 수거함)을 만들어 서울의 한 신축 아파트, 김포의 한 종합쇼핑몰 등에 설치했다. 옷을 스마트기기에 버리면 수거함이 옷의 등급을 책정해 리워드를 지급하는 식이다. 한강진 그린루프 대표는 "소비자가 재사용이 가능한 수준의 옷들을 수거함에 넣게 하고, 또 그 옷의 활용도를 최대한 끌어올리기 위함"이라고 설명했다. 궁극적으로는 버려지는 의류에 대한 데이터를 쌓아 탄소배출권 시장으로 진출하는 게 목표다.

기업 재고 소각 금지 등
정부 관리 필요

"저는 폐기물 문제를 전공하는 사람인데 왜 의류에 관심을 갖느냐. 섬유는 우리나라에서 재활용이나 순환이 제일 안 되는 품목이에요. 가장 안 되고 있어요."

장용철 충남대 환경공학과 교수.

장용철 충남대 환경공학과 교수는 2023년 9월 '품목별 재활용제도 개선방안'이라는 제목의 연구용역 보고서를 내놨다. 환경부가 폐섬유 및 폐의류에 '생산자책임재활용제도'를 적용하는 게 타당한지 검토해달라고 요청한 데 따른 연구였다. 장 교수는 이 보고서에서 '기업이 재고 제품을 소각하는 것을 금지'하고, '기업이 제품 생산단계부터 소재를 단순화하는 등 환경문제를 고려하도록 관리'하는 게 필요하며, 정부가 국제적 흐름에 따라 '생산자책임재활용제도 의류 적용을 위한 대비'에 하루빨리 나서야 한다고 지적한다. 장 교수는 환경문제를 해결하기 위해선 결국 "생산자 책임이 가장 중요하다"고 말했다.

어떻게 의류 폐기물 문제에 관심을 갖게 됐나.

"우리가 옷 없이 살 수 있나? 없다. 누구나 다 옷을 입고 산다. 그런데 그 많은 옷이 헌 옷 수거함에 들어가는데 어디로 어떻게 갔는지에 대해선 자료가 거의 없다. 우리나라가 전 세계 4~5위 중고의류 수출국으로 알려져 있다. 전국에 의류 수거함이 10만 개 정도 되는데, 이 의류 폐기물이 대부분 선별업자나 재활용업체에 넘어가 흐름 파악이 안 된다. 헌 옷 수거가 민간 영역 위주로 이뤄지면서 체계가 없는 상황이다. (사회의 이익이 아닌)

'돈의 흐름'에 따라 움직인 거다. 옷들은 대개 수출된다고 알려졌지만 동남아나 아프리카로 가서 상당 부분은 소각 처리되고 방치된다. 동남아나 아프리카가 우리나라의 쓰레기통은 아니지 않나. 유럽은 프랑스를 중심으로 이미 (포화 상태에 이른) 중고의류 수출 금지에 대해 논의를 시작했다. 우리나라도 논의를 시작해야 한다. 정부나 지방자치단체가 개입해서 어떻게 처리하고 관리하고 순환시킬지에 대한 고민이 필요하다."

우리나라 한 해 폐의류 발생량이 2030년이면 20만 톤에 이른다고 했다. 시민의 노력에 따라 개선될 수 있는 수치라고 보나.

"폐의류 발생량이 2017년 약 7만 톤이었는데, 2021년 12만 톤으로 한 5만 톤 늘었고, 지금 증가 추세론 2024년엔 15만 톤, 2030년엔 20만 톤 정도가 될 것 같다. 요즘은 워낙 유행에 민감하고 무엇이든 쉽게 사는 '패스트패션 문화'가 팽배하다 보니 의류 소비가 계속해서 증가한다. 이런 문화가 개선된다면 폐의류 발생량이 줄어들 가능성은 있겠지만, (지금 예측으론 소비자의 의류 구매가) 크게 줄어들 것 같진 않다."

소비가 줄어들 것 같지 않으면 결국은 생산자에 대한 규제가

중요할 것 같은데, 유럽은 어떤가.

"유럽 국가들은 굉장히 강도 높은 규제를 내놓고 있다. 패스트패션이 문제가 심각한 게, 의류에서 또다시 의류로 순환하는 게 거의 1퍼센트밖에 안 된다. 소각과 매립도 문제인데, 패션산업에서 발생하는 온실가스가 전 세계 온실가스의 한 4~10퍼센트 된다. 또 유럽에서는 전체 산업폐수 발생의 20퍼센트 정도가 섬유산업에서 온다고 본다. 그 외 염색 과정에서 나오는 여러 유해한 화학물질, 마지막으로는 요즘 굉장히 문제가 되고 있는 세탁 과정에서 발생하는 미세플라스틱 문제도 있다. 이런 종합적인 문제들이 나오다 보니 유럽연합 차원의 규제가 강해지고 있다."

구체적인 예시를 든다면.

"일단 유럽은 2026년부터 재고 의류에 대한 소각을 금지한다. 또 '생산자책임재활용제도'라고, 생산자에게 판매 이후에도 이를 회수하고 재활용하는 책임까지를 부여하는 제도가 있는데, 프랑스, 스웨덴, 네덜란드는 이 생산자책임재활용제도에 '의류'나 '섬유'도 포함했다. 특히 프랑스는 패션산업이 굉장히 발달해서 경각심이 높았기 때문에 2007년부터 생산자책임재활용제도를 시행했고, 일찍이 재사용 및 재활용 기술, 회수 체계를 발달시켰다. 예를 들면 옷, 신발에서 시작해 합성섬유, 천연섬유 이런 것들을 다 재활용할 수 있게끔 재질별로 분리배출할 수 있는 마크가 잘 표시돼 있다. 소비자들이 그걸 보고 분리배출하고 나면 선별해서 회수하고 재활용하려 노력한다. 그리고 최근엔 소비자가 '의류 수선을 받고 싶다'고 하면 그 수선에 대한 지원금도 좀 주고 있다. 그러나 아직은 (전 세계가) 의류 재활용이나 재사용 시스템을 만들어가는 초기 단계다."

기업의 참여를 유도하려면 결국 '돈'이 문제일 텐데, 우리나라 기업이 그런 국제적 흐름에 따르지 않으면 당할 불이익도 있나?

"지금 유럽에서도 많이 논의되는 것 중 하나가 '디지털 제품 여권' 제도다. 개인이 다 여권을 가진 것처럼, 의류도 이제 여권이 만들어질 거다. (의류 정보를) 디지털화, 정보화시키는 거다. 이렇게 되면 우리나라도 유럽에 옷을 수출할 때 그 여권을 만들어 수출해야 한다. 여권에는 원산지가 어디고, 어떤 재료로 만들어졌고, 어떤 재질이고, 제작 과정에서 탄소는 얼마나 배출됐고, 화학물질이나 유해성분이 있는지 등의 정보가 담긴다. 또

이 제품의 재활용이나 분리배출은 어떻게 해야 하는지 등 생산부터 마지막 폐기까지 전 과정에 걸친 종합 정보가 담기게 된다. 우리나라는 수출 주도형 국가다 보니, 당연히 준비해야 한다."

통상적으로 의류 기업들은 영업 기밀이라고 생각해 재고 정보를 숨기려 하지 않나. 유럽처럼 재고 의류 소각을 금지할 수 있을까?

"우리가 새롭게 만든 제품들을 사용하지도 않고 그냥 태워버린다? 신제품을 태워버린다? 이건 상식적으로 이해가 안 가지 않나. 윤리적 측면에서도 안 좋고, '지속 가능한 제품을 만들자'고 하는 기업의 ESG 경영 측면에서도 굉장히 바람직하지 않다. 안 좋은 건 당연히 막을 규제를 만들어나가야 한다. 우리나라도 유럽처럼 미판매된 재고 의류 소각을 당연히 금지해야 한다. 이 재고량에 대해 (기업이) 통계 보고도 하고, 재고를 어떻게 처리했는지에 대해서도 보고 체계를 만들어야 한다. 규제가 미흡한 이유는 미판매 재고 의류의 소각 및 매립 처리에 대한 실태 조사도, 통계 자료도 없기 때문이다. 의류 시장 규모가 매우 크고 규모별, 제품별, 브랜드별 판매 유통 구조가 복잡해 실제 흐름을 파악하려면 많은 시간, 노력, 협조가 필요하다."

규제가 중요하다는 건데, 환경부 연구용역 보고서가 나온 지 1년이 넘었지만 소비자로서 제도적 변화를 체감하기 힘들다.

"일단은 생산자책임재활용제도를 빨리 도입해서 시행해야 한다. 그렇게 하기 위해선 '생산자 범위를 파악'하는 게 우선이다. 의류 생산자, 수입업자, 유통업자, 판매업자 등 (책임을 물을) 범위를 정하고 재활용할 대상 품목도 정해야 한다. 그보다 더 중요한 건 재활용할 수 있는 기술과 업체, 그리고 전체적인 틀을 만드는 거다. 지금 그 뼈대를 못 만들고 있다. 2~3년 내로 이런 것들을 빨리 준비해서 재활용 체계를 만들고, 생산자인 기업에 여러 책임과 의무, 강제성도 부여해야 한다. 2025년 5월부터 섬유 순환이용 민관협의체(환경부 주관)가 구성됐다. 브랜드 및 판매자, 일부 업체가 참여해 섬유 재활용을 위한 순환이용 체제 마련, 재고 의류 처리 방안, 디지털 제품 여권 도입 등 방법을 모색하고 있다. 12월 중 섬유 순환이용을 위한 로드맵 초안이 마련될 것으로 보인다."

기업이 폐기물을 제대로 신고하고, 재활용하고, 분담금을 내

게 하기 위해선 결국 정부나 입법부가 법을 만들어야 할 텐데, 이들의 움직임이 더딘 이유는 뭘까.

"곧바로 시행하기엔 힘든 부분이 있다. 일단은 책임 있는 기업의 범위나 주체들을 정해야 하고 기초 인프라를 만들어야 하는 부분이 있어서다. 예를 들면 옷의 경우 영세한 보세 옷 업자가 많은데, 연간 10억 원 이상 제조한 주체를 대상으로 법을 시행할지, 5억 원 이상을 기준으로 할지 등 세부적인 범위를 정하는 과정도 필요하다."

우리나라 의류 재활용 기술 관련 업체들은 어느 정도 수준까지 와 있나.

"보고서나 논문들을 통해 우리나라 기술 수준이 어느 정도인지 파악하고 있는데, 분명한 건 아직 우리나라에서 상업적 수준으로 몇만 톤씩 의류 재활용을 하는 업체는 없다. 조그마한 시도는 있지만 아직 이윤을 낼 정도로 돌아가는 업체가 없다. 지원금도 별로 없고, 해도 돈이 안 되니 '순환 비즈니스'가 잘 돌아가겠나. 그래서 생산자책임재활용제도가 더 필요하다. 큰 기업들에 '너희가 재활용 공장을 세워. 너희가 옷을 팔았잖아. 팔았으면 책임을 져야지' 하는 거다. 재활용 구조를 만들려면 초기 인프라 구축에 돈이 필요하다. 기업이 책임져서 구조를 만들어나갈 때, 기업이 '어? 구조를 만들려고 봤더니 기술이 없어? 그럼 기술자 모여'라고 해야 기술도 만들어질 수 있다. 시스템을 만드는 건 쉽지 않다. 돈이 많이 든다. 그래서 기업이나 생산업자, 수입업자, 유통업자들의 역할이 중요한 거다."

소비자가 할 수 있는 노력은 뭘까.

"소비자도 역할이 있지만 사실은 생산자가 가장 책임이 크고 중요하다. 기업이 중요하다. 그다음에는 기업이 자기가 만든 제품에 대해 '이건 사회적으로 지속 가능한, 굉장히 친환경적인 제품이다'라고 알리면 소비자는 그런 걸 사면 되는 거다. 그래야 그런 친환경 의류나 제품들이 선순환되는 거다. 또 한 가지는 가급적이면 오래 입는 게 지구를 위해서 좋다."

옷 너머의 얼굴

조윤상

기다려온 이야기를 만나다

겨울이 끝나갈 무렵, 박준용 기자가 상기된 얼굴로 나를 찾아왔다. 스웨덴 탐사보도 학회에 다녀온 그는, 거기서 얻은 아이디어를 내게 들려주었다. 버려진 의류와 산업 폐기물에 GPS를 달아 이동 경로를 추적하자는 구상이었다. 마치 기다려온 이야기를 만난 듯 듣자마자 마음이 움직였다. 나는 오래전부터 환경문제에 관심이 있었다. 스무 살 무렵 생태환경잡지《작은것이 아름답다》에서 인턴을 했고, 수년간 페스코 베지테리언으로 지내왔다. 더불어 학창 시절 패션 디자이너를 꿈꾸며 옷을 공부했으니, '환경'과 '의류'라는 키워드는 내 삶에 이미 맞닿아 있던 것들이었다. 오랜 관심사를 한데 모을 수 있는 기획. 흥미로웠다. 환경 콘텐츠는 늘 다루고 싶었지만, 문제는 '어떻게'였다. 환경 이야기는 이미 넘쳐났다. 심각성을 알리려는 콘텐츠는 많았지만, 사람들은 어느 순간 무뎌진 듯 느껴졌다. 어떻게 하면 사람들과 환경을 연결할 수 있을까? 고민이 깊었다. 어쩌면 이 기획이 그 답이 될 수도 있겠다고 생각했다. 'GPS'라는 장치를 통해 끝을 '추적'한다는 점이 새로웠고, 우리의 일상과 맞닿아 있는 '옷'이라는 매개 역시 사람들의 관심을 끌 만했다.

돈이라는 현실

그러나 구상과 현실 사이에는 커다란 벽이 있었다. 바로 돈이었다. 옷 백 벌 이상과 GPS 장치, 해외 출장비, 기타 비용까지 합치면 적어도 수천만 원이 필요했다. 회사가 지원하기에는 벅찬 금액이었고, 결국 언론진흥재단 지원사업에 기대를 걸 수밖에 없었다. 기획안이 좋으니 통과될 거라 스스로 확신하며 희망 회로를 돌렸다. GPS 기능 테스트를 위해 베트남에 사는 친구에게 간식과 함께 장치를 보내보고, 연예인 섭외 등 대중의 이목을 끌 만한 아이디어도 틈틈이 적어두었다.

결과는 탈락이었다. 예상치 못한 결과에 적잖이 당황스러웠다. 기획안이 그저 '문서'로 남을 것 같아, 아쉬움은 좀처럼 가시지 않았다. 하지만 수개월 뒤, 다시 뜻밖의 소식이 전해졌다. 2차 지원에서 선정된 것이다. 포기하지 않고 다시 문을 두드린 박준용 기자 덕분이었다. 그제야 본격적인 준비가 시작됐다. 중고의류 업체에서 옷을 공수하고, GPS 장치를 두 종류 구매했다. 수북하게 쌓인 옷 더미 사이에서 옷들에 GPS를 하나하나 심어 넣었다. 그리고 그것들을 전국의 의류 수거함에 나누어 넣었다. 그리고 몇 달 뒤, 좌표가 화면에 찍혔다. 옷은 태국과 인도로 향하고 있었다. 수개월의 준비 끝에 우리는 그 흔적을 따라 비행기에 올랐다.

지난한 취재기

방콕에 도착한 첫날은 오히려 관광객 같았다. 촬영도 관광지 위주였고, 현지 음식을 즐기며 잠시 여유를 누렸다. 그러나 그것이 마지막 평온이었다. 다음 날, GPS가 가리키는 첫 장소는 아라냐쁘랏테의 중고의류 시장 인근. 곧 이어진 곳은 거대한 쓰레기 매립지였다. 높이는 족히 10미터가 넘는 데다, 면적도 어림잡아 축구장 여러 개를 합쳐둔 규모의 쓰레기 산. 처음엔 그저 '많이 쌓였구나' 싶었지만, 곧 잘못 들어왔다는 걸 직감했다. 반팔, 반바지 차림으로, 마스크도 없이 그곳에 들어간 게 치명적이었다. 폐기물에서 나오는 오염된 액체인 침출수는 말 그대로 새까맸다. 내가 본 가장 어두운 검은색이었다. 발 디딜 곳이 마땅치 않을 만큼 그 웅덩이가 군데군데 크게 고여 있었다. 바글바글한 구더기와 불길한 흰 무늬 벌레들, 그리고 이상한 기색의 야윈 들개들까지. 악취는 두통을 몰고 왔다. 그러나 한국에서 보낸 옷과 신발을 확인하기 전에는 그곳을 떠날 수 없었다.

최악의 고통

악취와 더위 속에서 돌아온 뒤, 몸이 곧 반응했다. 숙소로 돌아와 몸을 씻고 신발을 닦았지만, 이미 늦은 듯했다. 이튿날, 박준용 기자가 열에 시달렸고 곧 나에게도 같은 증세가 나타났다. 두통과 발열, 이어지는 극심한 통증. 진통제 없이는 잠시도 버틸 수 없는 고통이었다. 인생에서 다섯 손가락에 꼽히는 통증이었다. 병원 검사 결과는 A형 간염. 원인이 음식이었는지, 쓰레기장이었는지는 확실하지 않지만 그곳을 무방비로 다녀온 걸 후회하지 않을 수 없었다. 애석하게도 취재는 멈출 수 없었다. 출장이지 여행이 아니었으니까. 아픈 몸을 이끌고 다시 현장으로 향해야 했다. 차 안에서는 병든 닭처럼 쓰러져 있다가, 촬영할 때만 정신을 붙잡았다. 얼마 후 몸으로 겪은 고통은 곧 지나갔지만, 그 경험은 오히려 현장을 새롭게 바라보게 했다. 카메라 너머에는, 잠깐이 아닌 고통을 겪는 누군가의 삶이 매일같이 이어지고 있었다.

마주한 얼굴들

쓰레기 산에서 해 질 녘까지 쓰레기 사이를 뒤지며 쓸 만한 것을 찾고, 되팔아 생계를 이어가는 사람들. 쓰레기장 초입에 판잣집을 짓고 아이들과 함께 살아가는 가족. 그들은 이곳에서 생계를 이어가고 있었고, 아이들의 눈망울에는 쓰레기 산이 어렸다. 한 노동자는 한국 유치원 이름이 적힌 노란 가방을 메고 있기도 했다. 우리가 버린 것이 이곳에 남긴 흔적을 보며 마음이 복잡해졌다.

인도 파니파트의 표백 공장은 또 다른 충격을 안겼다. 헌 옷의 수도라 불리는 이곳에서 옷은 색깔별로 분류되고, 잘게 잘려 표백 공장으로 옮겨진다. 하얀 천으로 다시 태어나기 위해서다. 문제는 그 과정에서 쓰이는 발암물질 덩어리인 화학 용액이었다. 노동자들은 맨손과 맨발로 약품을 다뤘다. 이 일이 몸에 해롭다는 걸 알지만, 약을 먹어가며 일할 수밖에 없다고 했다. 삶을 버텨내기 위해 건강을 담보로 내어주는 일이었지만, 다른 선택지가 없었다. 아이들은 공장 안팎을 놀이터 삼았다. 새하얀 천 뒤에서, 누군가의 삶도 지워져 가고 있을지도 몰랐다. 왜 이런 열악한 환경의 한가운데에는 늘 사회적 약자가 서 있는 걸까. 우리가 버린 옷의 무게를 그들이 대신 짊어진다는 사실은 오래도록 마음을 짓눌렀다. 그 순간 '환경문제'라는 말은 더 이상 추상적이지 않았다. 레비나스가 "얼굴은 살아 있는 현존이며, 표현이며, 말한다"라고 말했듯 타이와 인도에서 만난 얼굴들은 침묵 속에서도 분명히 말을 건네고 있었다. 내가 입는 옷의 뒷면에 그 얼굴들이 겹쳐 있다는 생각은 쉽사리 머릿속에서 떨쳐낼 수 없었다. 우리가 누리는 권리가 누군가의 고통 위에서 세워진다면, 그것은 더 이상 권리라 말할 수 없다. 우리가 누리는 것들의 시작과 끝에 무엇이 있는지 알아야 한다고 생각했다. 변화는 인지부터 시작되기 때문이다.

나에게 남은 것

일상으로 돌아온 나에게는 작은 변화가 남았다. 아주 작은 변화다. 이제는 옷을 쉽게 수거함에 넣지 못한다. 나에게서 필요를 다한 물건들이 누군가에게 다시 쓰이기를 바라며 중고 거래 플랫폼을 적극 활용하기 시작했다. 이미 옷장에 있는 옷을 오래 입고, 새 옷을 살 때는 그만큼 더 오래 입을 옷만 고른다. 그러다 보니 옷에 내 삶의 서사가 쌓이는 즐거움이 생겼다. 자연스레 유행을 좇기보다는 나만의 스타일을 찾게 됐다. 옷이 몸을 보호하는 역할만 하던 시대를 지나 '멋'이 중요해진 것은 오래전의 일이지만, 정작 이 작은 변화를 겪고 나서야 비로소 진짜 '멋'이 무엇인지 알 것도 같았다. 작은 실천일 뿐이라도, 아주 작은 움직임들이 모여 그것이 문화를 만들고, 문화는 결국 변화를 만들어낸다고 믿는다.

이 작업을 마친 것은 2024년 12월 초였다. 한국 사회는 비상계엄이라는 폭풍의 한가운데에 있었다. 정치적 격랑 속에서 우리의 보도는 많은 이들에게 닿지 못했다. 그러나 돌아보면, 우리가 처음부터 원했던 것은 단순한 보도가 아니었던 것 같다. 우리가 누군가의 삶으로 이야기를 잇고, 그 이야기가 또 다른 누군가의 출발점이 되는 것. 그것이 이 기획의 진짜 끝이자 새로운 시작일 것이다. 다시 인도에서, 타이에서 마주했던 그 얼굴들을 떠올린다. 그 얼굴들은 여전히 묵묵히, 그러나 분명하게 우리에게 말을 걸어오고 있다.